毎朝、服に迷わない 秋／冬

暖かいのにおしゃれになれる

stylist
Akiko Yamamoto
山本あきこ

ダイヤモンド社

はじめに

こんにちは、スタイリストの山本あきこと申します。

私は雑誌やTVなどでプロのモデルや女優のスタイリングをしながら、一般のお客様のファッションのお悩みにアドバイスをする、パーソナルスタイリングもしています。

おかげさまで、前作『毎朝、服に迷わない』という本は、大きな反響をいただきました。『毎朝、服に迷わない』では、春夏のコーディネートについて取りあげたのですが、この本はその続編にあたるもので、秋冬のコーディネートをご紹介しています。

私の、1年でいちばん好きな季節は秋です。秋は、いちばんおしゃれが楽しい季節。夏から雰囲気がガラッと変わり、重ね着ができ、さまざまな素材もミックスしやすく、思いきり楽しめる季節です。

そして、きっと冬はコーデに迷う季節でしょう。防寒したいけれど、おしゃれもしたい……着込むとボリュームが出てしまったり、暗い色ばかりのコーデになってしまったりと、とても難しい季節です。でも、ちょっとしたことを知っていれば、そんなことは避けられます。ぜひこの本を読んでトライしてみてください。

この本では秋冬に持っておくと便利なアイテムと、そのコーディネートを掲載しています。コーディネート例は121あります。

もし朝、服に迷ったら、ぜひ似ているアイテムでこのコーディネートを真似てください。前作でも言いましたが、真似をしていると、必ずコーディネート自体も上手になります。

ファッションは人生を楽しくしてくれるものであり、その人自身を表すものでもあります。私がおしゃれだと思うスタイルは、歳を重ねれば重ねるほど身につく、余裕やリラックス感が見えるもの。その人が今までどういう経験をしてきたかが、素敵に

透けてみえるようなファッションです。

前作の姉妹編といえども、この本から読み始めていただいて、何も問題はありません。また、前作から引き続き読んでくださっている方には、さらに理解が深まるようなつくりになっています。

前作でもお話ししましたが、センスのいいコーディネートにとって必要なものは、センスではなくまず「アイテム」。高いものである必要はなく、あくまでもシンプルでベーシックな、デザインも何もついていない「普通の服」こそが、コーデに使えるものです。この鉄則は1年を通して変わりません。

自分に自信を与えてくれて、着ていて心地よい大人のためのファッション。そんなファッションができるように、この本にありったけの知識を詰め込みました。ぜひ、秋冬のおしゃれ、楽しんでください！

Contents

Chapter #01 秋冬で持っておくといいアイテム

Chapter #02

秋冬を素敵に見せるコーディネートテクニック

VMI

Chapter #01

秋冬で持っておくといいアイテム

Total Rules
01
［ 全体のルール ］

寒々しく見えない カラーと素材を選ぶ

秋冬のおしゃれの、いちばん大切なルール、それは、「寒々しく見えないこと」です。おしゃれの大元は、季節感を表すこと。まず、これを覚えていてください。

そのために意識してほしいのが、色と素材です。このふたつを秋から冬にかけて「徐々に」変化させていくことがポイントです。

実は私は、夏が終わっても、すぐに衣替えはしません。秋の入り口は、秋と夏を混在させ、季節の移り変わりとともに、秋物を徐々に増やしていく方がおしゃれがしやすいからです。

秋が深まるごとに、鮮やかなカラーから、深みのあるカラーへ。リネンのような春夏素材から、ウールやニットのような秋冬素材へ徐々に変えていきましょう。まずは、季節の移り変わりを大切にするとおしゃれに見えます。

A

Total Rules
02
［全体のルール］

アウターありきのコーデです

秋冬は、アウターを着ない日が少ないです。つまり、コーディネートの印象が「アウター」になります。アウターの下におしゃれをしても、結局のところ、アウターでその人の印象が決まってしまうのです。

秋冬のスタートは、まずクローゼットを開けて、お持ちのアウターをすべてチェックすることから始めましょう。

そこで、まず確認したいのが、今クローゼットの中にあるアウターの丈と色味。ロングばかりになっていませんか？　あるいは黒などの同じ色ばかりになっていないでしょうか？　数が少なく、いつも同じアウターばかりを着てしまうのも要注意です。

アウターは、ショート丈、ロング丈と両方の長さのものを揃えましょう。また、カラーアウターも着こなしの幅がとても広がります。

まず、秋冬のスタートでは、大切なアウターを見直してみてください。

Total Rules
03
［全体のルール］

白で抜けを出すと3首見せの代わりになる

普段から私が口を酸っぱくして言っている「3首見せ」。これは女性の身体のいちばん細い部分、首・手首・足首の3つを見せることです。シャツの襟を立てたり袖をまくったり、パンツの裾をロールアップすることでこの3点を強調すると、コーディネートに抜けが出て、女性らしく、あか抜けた印象になれます。着こなしの基本のツはこれ。痩せて見える効果もありますから、やらないなんてもったいないです。

しかし、冬になってよく質問されるのが、「冬でも、3首見せなきゃいけませんか?」です。さすがに寒い中、首や足首を見せるのは無理ですよね。

その代わりの強い味方があります。それが、「白」。

たとえば、パールのネックレスや、白のスニーカー、白のソックス。そういう白いアイテムは、コーディネートに「抜け」を出し、3首見せの代わりになってくれます。

また、秋冬は重ね着の季節。重ね着は、どうしても全体のメリハリが失われがちです。そんなときにも白の出番。白の「抜け」が重ね着の重たさを軽く見せてくれます。

冬は、「白」を取り入れることがおしゃれのカギになってきます。

赤、ボルドー、マスタードイエロー、白は絶対に持っておく

秋冬の洋服のポイントは、いかに色を取り入れるかです。どうしてもこの季節は、全身がダークトーンになってしまいます。暗いだけにならないことも、おしゃれのポイントになります。

秋冬は色を少し取り入れるだけで、とても目立ちます。ダークトーンの中に色があると、とびきりおしゃれに見えます。ほんの少しでも入れると「効く」のでぜひ心がけましょう。

さきほど、「抜け」を出してくれる白の話をしましたが、秋冬に持つべき色は他にもあります。

秋冬によくやってしまう、暗い色ばかりで構成されているコーディネートは、どうしても似たような印象になりがちです。だからと言って、ショッキングピンクやエメラルドグリーンのようなビビッドな色には、秋冬の季節感がありません。

秋冬に違和感なく、おしゃれに見えるのは「赤」「ボルドー」「マスタードイエロー」そして「白」。この4色が秋冬のカラーです。特に赤とボルドーの2色は絶対に持っておいて欲しい色。取り入れ方は本編で詳しくご説明しますね。

この4色は、どれも見たことがある馴染みやすい色、そしていつものスタイリングに取り入れやすい色です。特別な色ではないけれど、この4色を使いこなせる人は少ないので、ぜひマスターしてみてください。

また、よくある色だからこそ、似合わない人がいないというのもポイントです。

Total Rules
05
［ 全体のルール ］

重ね着にすると突然おしゃれになる

トップスにボトムを合わせて2枚でコーディネート完了、といういわゆるワンツーコーデ。このワンツーコーデをできるだけしない、というのも秋冬のおしゃれのポイントです。

重ね着は、それだけでおしゃれに見えます。ワンツーの間に、1枚でも仕込むと、おしゃれに早変わりです。

特に簡単なのはトップスの重ね着。ニットの中にシャツを仕込んだり、カットソーにダウンベストを合わせたり、それだけで、突然おしゃれに見えます。しかも、防寒にもなっていいことづくめ

です。

それから、ストールを使うのもいいでしょう。ワンツーコーデで終わりにせずに、秋冬らしいチェックや、無地のベーシックなものをぐるぐると首に巻くだけでOKです。ストールが入るだけで、ぐんとおしゃれに見えるので、アウターにはまだ早い時期からどんどん使っていきましょう。薄いニットやカットソーとの相性もバッチリです。

もちろん、秋冬のおしゃれに特別な服は必要ありません。前作でもお伝えしましたが、おしゃれにとっていちばん大切なのは「普通の服」です。何にでもコーディネートがしやすい最強の服は、飾りがついていたり、形が変わっている服ではなく、シンプルな普通の形の服です。高価な服や、デコラティブな服である必要はありません。

第1章では、秋冬に使えるアイテムをご紹介します。定番のアイテムばかりなので、すでに持っているものもきっとたくさんあると思います。第2章では、秋冬のコーデのテクニックをお伝えします。

この本を読み終えるころには、この秋冬のコーデが、自由自在にできるようになっているはずです。

BOTTOMS

ワイドパンツ

ベイカーパンツ

ミドル丈スカート

黒スキニーパンツ

Iラインスカート

花柄ワンピース

ACCESSORIES

ストール

赤のシューズ

ソールが白いスニーカー

黒のショートブーツ

ニット帽

ベレー帽

トートバッグ

黒のリュック

これだけでよし！

持っておくと便利な秋冬アイテム28着

OUTER

チェスターコート

ダウンコート

カラーアウター

トレンチコート

ミリタリージャケット

ロングカーディガン

MA－1

ライダースジャケット

TOPS

ざっくりニット

ダンガリーシャツ

Vネックニット

プルオーバー

カラーニット

タートルネック

Autumn & Winter

チェスターコートは肩のラインで合わせる

camel coat : PLST (own item)
gray coat : UNIQLO

must item A/W
Chesterfield Coat

コートの中で、私がいちばんおすすめなのは、このチェスターコートです。

なぜなら、チェスターコートは、オンオフ問わずにとにかく使えるアイテムだからです。朝、アウターに迷ったら、チェスターコートにしてみてください。パッと羽織るだけで様になります。仕事にも、ショッピングにも、デートにだって着て行けます。

きちんと見え、かつマニッシュなアイテムなので、きれい目やカジュアルなど何を着てもテイストをミックスしてくれて、それだけでおしゃれに見せてくれます。

選び方は、まず「肩が合ったものにする」とすっきりして見えます。袖の付け根の、肩の縫い目のラインがまっすぐ縦に伸びていると肩が合っています。肩が身体にきっちり合うものを選べば、スタイルがよく見えるでしょう。特に、背の低い方は肩をしっかりと合わせると、「着られている感」が出ません。カラーはキャメルとチャコールグレーが何にでも合う色でおすすめです。丈が長いものにトライするのもいいでしょう。これも肩さえ合っていれば丈が長くてもきれいに見えます。

また、肩が落ちているタイプだと、リラックスして見えます。中に重ね着もしやすくなります。ただし、身長が低い方が肩の落ちているものを着たい場合は、膝上くらいの丈で、身幅がせまいものにしましょう。バランスが悪くなりません。

朝、迷ったらチェスターコートにするとおしゃれな印象になる

coat : UNIQLO
sweat-shirt : GU
(own item)
shirt : 無印良品 (own item)
pants : GOUT COMMUN
belt : GU (own item)
bag : Legato Largo
(own item)
glasses : Lattice
socks : tutuanna
sneakers : GU

coat : PLST
(own item)
cardigan : N.
pants : Unaca
(own item)
beret : H&M
(own item)
sunglasses : GU
bag :
LOUIS VUITTON
(own item)
socks : tutuanna
sneakers :
CONVERSE
(own item)

coat : PLST (own item)
shirt : N.
skirt : BUONA GIORNATA
earrings : AMERICAN HOLIC
bangle : JUICY ROCK
bag : CHANEL (own item)
tights : tutuanna
pumps : 銀座かねまつ

チェスターコートは、何でも品よくまとめてくれると言いましたが、本当に下に着るものを選びません。

その中でもおすすめは、ワイドパンツと合わせること。縦のラインが強調されて、すらっと見せてくれます。ワイドパンツは、スニーカーとも相性が良いです。その場合、写真のように靴下をちらっと見せても素敵です。ワイドパンツなら、下にタイツなども着られて防寒もバッチリです。また、マニッシュなコートですので、女っぽいIラインスカートに合わせて、テイストをミックスするのも素敵です。とはいっても、チェスターコートは合わないものがないので、気軽に羽織ってください。

おしゃれに見える着方のコツとしては、前のボタンを閉めないこと。これはアウター全般に言えるのですが、中のコーデが見えていると変化がついておしゃれに見えます。もちろん無理はしなくて大丈夫。寒さと相談して、開けたり閉めたりしましょう。

チェスターコートは、お呼ばれのときにも使えます。冬の結婚式やクリスマスパーティ、レストランなど、ダウンコートだとちょっと、というときにチェスターコートを着て行くと、品が出て、場にも合って便利です。

Autumn & Winter

ただの寒がりだと思われない
ダウンコートは存在する

short coat : ZARA (own item)
middle coat : PLST (own item)

must item A/W
Down Coat

ダウンコートは寒い冬の必須アイテムですが、おしゃれに着るのは難しいアイテムです。高額なものもありますから、失敗なく選びたいですよね。「ただ防寒のためだけに着ているんだな」と思われないダウンコートの着方も知っておきましょう。

まず基本としておさえるべきポイントは、シルエット。とにかく細身のものを選びましょう。もし買うときに迷ったら、ワンサイズ小さいものを選んでください。丈のおすすめは、ショート丈かミドル丈がいいでしょう。特にミドル丈は合わせるアイテムとのバランスが取りやすいです。

しかし、もし寒くてどうしてもロング丈がいい！　という場合は、ウエストのところがシェイプされているものや、絞れるようになっているものがよいでしょう。

キルティング部分は、間隔が狭いものの方がすっきり着こなせます。フードつきでもかまいませんが、気をつけて欲しいのはファーです。ファーが安っぽいとそれだけで全体が安っぽく見えてしまいますので、リアルファーにするか、けばけばしい印象のものだったら取ってしまいましょう。

カラーはブラウンとグレーが特におすすめ。合わせる色を選びませんし、重たい印象にならず、軽やかに見えます。

Autumn & Winter

ダウンコートを着るときは、どこかを「キュッ」とさせる

coat : PLST (own item)
jacket : THE SHINZONE (own item)
knit : destyle (THE SUIT COMPANY)
skirt : INES DE LA FRESSANGE (UNIQLO)
glasses : Lattice
bag : MAXIMA (UNIVERSAL LANGUAGE)
tights : tutuanna
boots : DIANA

coat : PLST (own item)
knit : Uniqlo U (UNIQLO)
pants : GU (own item)
knit cap : TOPKAPI
bag : L.L.Bean
necklace : AMERICAN HOLIC
boots : WASHINGTON

coat : PLST (own item)
knit : GU
skirt : destyle (THE SUIT COMPANY)
stole : own item
necklace : JUICY ROCK
bag : DIANA
tights : tutuanna
shoes : FABIO RUSCONI (Essay)

ダウンコートはそれ自体にボリュームがあるので、コーディネートをするときは、どこかに締める場所をつくりましょう。コートを着て、そこから出ている頭や足に「キュッ」とした部分をつくることが必要です。いちばん簡単なのが、ニット帽。これをかぶるだけで、ダウンコートはおしゃれに着られます。他にもスリムなロングブーツや、ピタッとしたタイツなどももちろんいいでしょう。

ダウンコートには、Gジャンまたはデニムシャツを入れて、前を開けるのもおすすめです。デニム素材が1枚入ることで、ダウンとの素材感の違いが強調されてあか抜けて見えるからです。ぐっとカジュアルになり、出るミックス感もおしゃれに一役買います。同じ理由でデニムジャケットを合わせてもいいでしょう。首元が寒い場合は、ストールを首にかけ、垂らして使ってください。

また、落ち感のあるフレアスカートと合わせるのも素敵です。ボトムは、少し細身のパンツやIラインスカートなど、ダウンにボリュームがある分ストンと落ちているものがいいでしょう。ストッキングを履くのだけは絶対にいけません。ボリュームが合わず、「寒いから着ている」と思われてしまう代表格です。必ず、タイツを合わせましょう。トップスは厚手のものから薄手のものまで幅広く合います。

Autumn & Winter

カラーアウターを持つだけで華やかになる

yellow coat : Mystrada
blue coat : own item
pink coat : WHITE (WHITE THE SUIT COMPANY)

must item A/W
Color Coat

お客様のクローゼットを拝見させていただいたときに、気がついたことがあります。それは、みなさん持っているアウターがすべて似ている、ということ。コートに限らず、洋服も、どうしても似たようなものになりがちですが、アウターは特に似がちで、黒やネイビーなどのベーシックカラーになってしまう方が多いようです。

それを簡単に打開するのが、カラーアウターです。カラーアウターは、1枚持っているだけで主役になります。コーデが決まる万能アイテムといえます。

「カラーアウターなんて、派手すぎる」と思われるかもしれませんが、ポイントは、少しグレーがかった、くすんだ色を選ぶことです。馴染んで、浮いて見えません。特に、写真のような水色は使いやすく、日本人の肌色に馴染みます。媚びていないカラーなので、凛とした、まるでロイヤルファミリーのような上品さが漂います。

万能カラーのマスタードイエローや、写真のような少しくすんだダスティピンクなどなら会社にも着て行けます。

中に合わせる服も簡単です。アウターがカラーなので、基本は何も考えずベーシックカラーを着ると失敗しません。形はやはり万能なチェスターコートタイプにしましょう。

Autumn & Winter

カラーアウターはコートの色を拾って合わせると簡単

coat : own item
sweat-shirt : GU
shirt : Gap
skirt : ZARA (own item)
bag : Lilas Campbell
glasses : POLICE
tights : tutuanna
sneakers : CONVERSE
(own item)

coat : own item
sweat-shirt : UNIQLO
pants : UNIQLO
beret : TOPKAPI
gloves : TOPKAPI
bag : WHITE (WHITE THE SUIT COMPANY)
pumps :
FABIO RUSCONI
(Jines)

coat : own item
knit : UNIQLO
skirt : WHITE
(WHITE THE SUIT COMPANY)
bag : allureville (own item)
sunglasses : POLICE
earrings : JUICY ROCK
tights : tutuanna
boots : Binoche (CARNET)

カラーアウターをおしゃれに着るコツは、とても簡単。コートの色を拾って、コーディネートをすることです。たとえば水色のカラーアウターなら、どこかに水色のアイテムを取り入れればいいだけ。

たとえば、デニムは水色なので、これでOKです。カジュアルながら洗練された印象になります。右ページの真ん中のフレアスカートのコーデは、花柄の中に水色が使われており、リンクしてまとまって見えます。

また、このコートのような少しくすんだ色は「中間色」です。中間色の特徴は、合わない色がないということ。だから何にでも合うのですが、ここでのおすすめは、ベージュと組み合わせることです。ベージュも中間色なので、合わない色がなく、お互いを引き立てあって上品にまとまります。服はもちろん、帽子やバッグ、靴などで中間色同士を楽しむのもおすすめです。

モノトーンコーデの差し色として使ってもいいでしょう。写真左のように、カジュアルな黒のコーデの中にホワイトのシャツが入ったモノトーンに、水色のアウターがプラスされると、一気にカジュアルさが抑えられ、品がある着こなしになります。

Autumn & Winter

トレンチコートは、ライナーが取り外しできるものを選ぶ

coat : BEAUTY & YOUTH (own item)

must item A/W
Trench Coat

トレンチコートは永遠の定番。1枚持っておくと、絶対に損はしません。春先にも店先に並びますが、買うべきときは秋！　なぜかというと秋のトレンチコートには厚めのライナーがついていることが多いからです。取り外しができるライナーにしましょう。春になったら外して使えるからです。防寒がしっかりしていると、その分使える期間が長くなります。

私はトレンチに関してだけは、あまり安いものはおすすめしていません。トレンチは永遠の定番だと言いましたが、形が変わらないものなので、何年も着ることができるからです。トレンチで有名なバーバリーのコートなどは、親子どころか孫の代まで使える「財産」と言ってもいいくらい。私は、汚れているものを着るくらいなら、安くてもきれいなものを使う方がいいと常々言っていますが、トレンチだけは別物です。バーバリーほどでなくても、3万~5万円ほどのものを持っておくと長く使えます。

装飾が少なく、色は暗めのベージュが「ベーシック」なものです。膝くらいまでの丈がいいでしょう。サイズは、チェスターコートでもお話しした、肩のラインが合っているジャストのものがベストです。また、ボタンを閉めたときに横じわが入らないか、着たときに肩や上腕のあたりがモリッとしないかをチェックしてください。

トレンチコートはドレスと捉えよ

coat : BEAUTY & YOUTH (own item)
knit : AMERICAN HOLIC
shirt : Gap (own item)
pants : GOUT COMMUN
beret : TOPKAPI
bag : ZARA (own item)
scarf : Rocco style.
socks : tutuanna
shoes : FABIO RUSCONI (Essay)

coat : BEAUTY & YOUTH (own item)
knit : UNIQLO
skirt : own item
bag : WHITE (WHITE THE SUIT COMPANY)
glasses : Lattice
pumps : DIANA

万能選手トレンチには、いくつかの着方があります。まずは、大胆に着崩して「ドレス」として女らしく着るスタイル。

ポイントはウエストです。ベルトでキュッと、ウエストラインをマークするのがこのシルエットの決め手です。このとき、あえて前のボタンはすべてあけるとうまくいきます。ベルトでしっかりウエストを結び、下にフレアのスカートを合わせればまさにドレスです。写真右のように鮮やかな色のスカートにすると、差し色になるので、コーディネートがぐっと華やかになります。合わせるスカートのカラーによって違う表情を楽しむこともできます。また、ベルトをお手持ちの太ベルトに変えるのも雰囲気が変わって楽しいでしょう。

もうひとつ、マニッシュにかっこよく着る着方があります。これは、パンツと合わせて、縦長のラインをつくりましょう。力の抜けた大人のスタイルになります。パンツと合わせる場合は、逆にベルトは結ばないようにしましょう。ワイドパンツのようなストンとしたシルエットのものと合わせます。

写真左のように、ベレー帽にボーダーニットを合わせれば、大人フレンチマリンが完成します。

前で結ぶ

腕をまくる

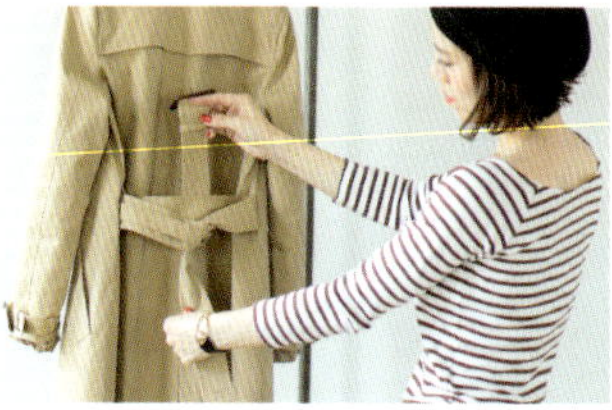

①後ろを結ぶ時は、２本一緒に

②こうすると、垂れてきません

襟を立てる

トレンチコートは、ただ着ているだけでは不十分です。着崩して、ようやく始まります。着崩し方には4つの基本がありますので、必ずこのどれかをするようにクセをつけましょう。

まず、基本的には袖はまくってください。ここでのポイントは、丁寧に折るのではなく、くしゃっとラフな感じが出ること。ちょっとくらい雑にまくった方が、おしゃれに見えます。一度ラフに折ったあと上に引っぱると、そういう風に見えます。まくったところからインナーのニットやカットソーがチラっと見えるとなお可愛いです。

襟を立てるのもいいでしょう。服は「立体感」を出すとおしゃれに見えますから、襟は立体感を出すのに格好のパーツです。後ろを引っ張って、襟を抜いてもいいですよ。首が出て、女性らしさが見えます。

また、あか抜けて見えるベルトの結び方があります。それは、結び目の輪っかが外側にくるように、片蝶結びすること。真正面でなく、サイドで結びましょう。後ろで結ぶ場合は、写真のように奥の方のベルトも一緒に結ぶとシャープに見えます。コートではリボン結びは大人は避けた方がいいでしょう。子供っぽく、ガーリーになってしまいます。

Autumn & Winter

ロングカーデは丈が長ければ長いほどおしゃれ

gray cardigan : Mystrada
white cardigan : Gap

must item A/W
Long Cardigan

ぜひ、秋はトレンチの次にロングカーディガンを持ってほしいです。ロングカーデの魅力は、縦ラインが強調できるのでスタイルがよく見え、着やせ効果があること。そして、足元にヒールでもフラットシューズでもスニーカーでも、何を持ってきても様になることです。ロングカーデは靴を選びません。これは、ロング丈のおかげで、後ろから見たときに足の長さがわからず、バランスがとりやすいからです。普段のスタイルがきれい目だという方こそ、ロングカーデにスニーカーという組み合わせをおすすめします。新鮮で楽しいですよ。ロングカーデはトレンチには出せないリラックス感を出せます。

ロングカーデの丈は長ければ長いほど、おしゃれに見えます。丈の長さは、おしゃれの経験値の高さ。ぜひ膝から膝下ぐらいまでの、しっかり長いものを選んで大人の余裕を手に入れましょう。

色はグレーやベージュが使いやすいです。アウターとして着るなら厚手のものがおすすめ。編み目や凸凹模様がはっきりあると、ほっこりしすぎて見えてしまうので、シンプルなものを選びましょう。そしてもうひとつ大切なポイントはボタンがないということ。ボタンがないだけで都会的なこなれた雰囲気になりますよ。

Autumn & Winter

ロングカーデは、「いい女」になるアイテム

cardigan : Mystrada
knit : UNIQLO
skirt : GOUT COMMUN
belt : GU (own item)
bag : TOPKAPI
pierce : JUICY ROCK
bangle : JUICY ROCK
tights : 靴下屋 (own item)
pumps : 銀座かねまつ

must item A/W
Long Cardigan

ロングカーデは、どんなシーンにも使えるアイテムですが、特におすすめなのは、きれい目のスカートに合わせるコーディネート。もちろんデニムやカーゴパンツなどのカジュアルボトムにも合いますが、特に、女性らしさを代表するIラインスカートとは相性抜群です。

ロングカーデの何よりの魅力はリラックス感。きれい目代表のIラインスカートに、リラックス感がテイストミックスされて、大人っぽい余裕が見えます。ロングカーデがつくり出すのは、酸いも甘いも噛み分けた先輩感です。

写真のように、ニットトップスの上にニットのカーデを重ねても大丈夫です。カシミアのVネックニットなら、上品で優し気な印象になります。秋口でしたら、夏に着ていたコットンの白いTシャツにさらっと羽織るのもいいでしょう。

アウターとして着るなら、厚手のものがいいのですが、アウターの下に着たいなら、少し薄めのハイゲージのロングカーデもおすすめ。ハイゲージとは、一見編み目が見えないニットの生地のことです。真冬にウールコートの下に着ると暖かいです。こちらも、ボタンがついていないものの方がほっこりしません。色も同じく、グレーやベージュが使えます。

Autumn & Winter

ミリタリージャケットの「カーキ」は大人の品を出す

jacket : Rocco style.

must item A/W

Military Jacket

トレンチコートと並ぶぐらい使えるのが、実はこの「ミリタリージャケット」。

ミリタリージャケットのいいところは、品のある「カーキ」が無理なく使えるところです。カーキを上手に使える女性は、おしゃれのレベルが高いと常々思うのですが、ミリタリーはその強い味方です。また、形がカジュアルで男っぽいので、女性らしいものやきれい目の服と合わせると、テイストがミックスされ、おしゃれな印象を出すことができます。

トレンチコートはロング丈ですが、ミリタリージャケットは腰ぐらいの丈。つまりミドル丈のアウターにあたります。秋冬は、印象を変えるために、アウターの丈が様々なものを持っているのがいいので、ミリタリーはこの点でもばっちりです。

これから選ぶなら、ウエストに紐が入っているものにしましょう。紐でウエストを絞ると女らしく着こなせます。大きめのサイズだと「軍もの」という雰囲気が出てしまうので、細身のものを選びましょう。ワッペンやフードがついているものも、子供っぽく見えてしまいます。

色は、ちょっと深めのカーキがいちばん使いやすいです。鮮やかなグリーンだと、これも軍隊っぽい雰囲気になってしまいます。

ミリタリージャケットには女らしいボトムを合わせる

jacket : Rocco style.
sweat-shirt : GU (own item)
t-shirt : Hanes
pants : UNIQLO
glasses : Lattice
bag : Lilas Campbell
pumps : N.

jacket : Rocco style.
knit : DRESSLAVE (own item)
skirt : Jines
bag : GOUT COMMUN
bag charm : TOPKAPI
bangle : JUICY ROCK
glasses : POLICE
pierce : GU
tights : tutuanna
boots : WASHINGTON

男っぽいミリタリージャケットは、女らしいものをどこかに入れて着ると、最強のコーディネートになります。ポイントは男っぽいテイストと、女っぽいテイストをミックスすることと覚えておきましょう。

たとえば、ボトムを女っぽいものにしてみましょう。写真のような、色が白のレースのIラインスカートも、ミリタリージャケットの手にかかれば甘さ控えめの大人の着こなしができます。その他にもAラインのスカートなども素敵です。シフォン素材やスエット素材のロングスカートなども合いますよ。

避けてほしいのは全身カジュアルになってしまうこと。たとえば、写真左のような、パーカーとデニムのコーディネートに、スニーカーを合わせたとしたら、カジュアル過ぎて、一歩間違えると少年のようになってしまいます。こういう場合は、足元に必ずパンプスを合わせ、女らしい足元にしましょう。ミリタリーは、実は赤いヒールがすごく合います。季節感もあり、レディっぽさも足せます。

余談ですが、写真のようにミリタリージャケットの下にパーカーを合わせるのはとてもおすすめ。羽織ものは、2枚以上重ねると途端におしゃれに見えます。ぜひ取り入れてください。

Autumn & Winter

MA-1を制するものは、カジュアルを制す

blouson : UNIQLO

must item A/W
MA-1

この本でご紹介するアウターの中で、最もカジュアルなものがこのMA－1です。MA－1とは、元々米軍のジャケットの一種。取り入れるのが難しく、持っていないという方も多いのではないでしょうか。実はMA－1は、カジュアルすぎて使いこなすのは難しいアイテム。でも、はやりすたりがなく、大事な「カーキ」が使えるアイテムですので、ぜひ使い方を知っておきましょう。

MA－1は素材がナイロンでできていて、ライダースやGジャンなどと比べても、いちばんスポーティです。だからスポーツテイストを取り入れたいと思ったときに、使えるアイテムです。

まず、カラーは深めのカーキを選びましょう。このアウターで何よりも大切なのが、コンパクトなもの。着たときにボリュームが出ないようにしましょう。丈も腰骨より上ぐらいの短いものがいいでしょう。必ず余計な刺繍や装飾がついていないもの、袖が長くないものを選びます。

注意してほしいポイントが裏地です。よくオレンジのものがありますが、これはミリタリー感が強すぎるので、きれい目コーデが好きな人は、表と同じカーキや黒などのダークトーンのものを選びましょう。その点、右のユニクロのものはおすすめです。

MA-1を着るときは、ボトムを女っぽいものにする

blouson : UNIQLO
knit : GU
skirt : INES DE LA FRESSANGE (UNIQLO)
necklace : own item
bag : BEAUTY & YOUTH (own item)
tights : tutuanna
pumps : 銀座かねまつ

最強にカジュアルなMA－1。一歩間違えると競馬場のオジサン感が出てしまう、パワーのある男っぽいアイテムです。こういうアイテムには、女っぽいアイテムを必ず合わせましょう。ただそれらをミックスするだけで、大変おしゃれになります。

MA－1で大切なのは、ボトムを必ず女っぽい、きれい目アイテムにすることです。写真のような、女っぽいひらりんミドル丈スカートで固めましょう。写真の靴は、これも女らしい黒のエナメルパンプスですが、ボトムでちゃんと女要素を取り入れていれば、スニーカーなど何でもOK。

トップスは何でも大丈夫です。こちらも、昼間や人前では前を開けて、インナーやアクセサリーが見えるように着たいですね。寒くなってきたら、このままボリュームのあるストールなどを巻くと、バランスよく防寒できます。

もし、ボトムにボーイフレンドデニムなど、カジュアルアイテムを履きたい場合は、足元をきれい目にすれば大丈夫です。レオパード柄のものや、パンプスなど女っぷりが高いものを合わせましょう。私はマニッシュなワイドパンツにもよく合わせます。その場合もやはり足元はヒールにして、クラッチバッグを持ち、男っぽさと女っぽさのバランスをとるようにしています。

Autumn & Winter

ライダースジャケットだけは本革にする

jacket : SLOBE IENA (own item)

must item A/W

Rider's Jacket

レザーのライダースジャケットは、これ1枚で、コーデ全体を引き締めてくれます。とにかく、持っていると使えることに驚くでしょう。秋口から大活躍します。

選び方のポイントは、これもコンパクトなサイズを選ぶこと。短い丈のアウターは、すべて小さめにすることがポイントです。きれい目に着こなすことができます。

ライダースで最も言いたいのは、本革のものにすること。本物は1万円くらいから買えます。タグのところに「100%ラム」などの表示があるので、そこで見分けましょう。よく合皮は3年と言われ、数年でボロボロになってしまいますが、本革だと、自分の体に合うように育てられて、世界で1着しかないものになりますから、長い目で見るとお得です。ライダースもトレンチと同じく、形にはやりすたりのないアイテムですから、長く着ることを前提にちょっと奮発する方がいいと思います。

レザーはラムなどの柔らかいものを選びましょう。また、ツヤがあると安っぽく見えてしまうのでやめた方が無難です。色はスタンダードな黒、その次にベージュが使えます。普段きれい目な服が多い方は、ベージュにするとハードすぎず、優し気な印象になりますよ。「強めに見えてしまいそうで怖い」という方は、襟をスタンドカラー（立ち襟）にすると上品なブルゾン感覚で着られます。

ライダースにはトートバッグがすごく合う

jacket : SLOBE IENA
(own item)
sweat-shirt : UNIQLO
skirt : destyle
(THE SUIT COMPANY)
bag : L.L.Bean
pierce : JUICY ROCK
shoes : N.

ライダースジャケットは、男っぽいアイテムですので、基本的にはMA－1と同じ考え方をしましょう。ボトムに女っぽいものを持ってくると失敗しません。たとえばIラインスカートやフレアスカートです。もしボトムにカジュアルなものを合わせたいなら、靴を女らしくするのも一緒です。

しかし、特におすすめなのは、素材が柔らかかったり、天然っぽいものと合わせることです。びっくりするほど好相性です。ファー小物や、トートバッグなどの白のキャンバス地などがとてもマッチします。ただ、トートバッグなどはカジュアルなので、写真のように、ルール通りボトムを女らしいものにしましょう。女らしいものさえ入れれば、カジュアルそのもののスエットのプルオーバーを合わせても大丈夫です。

逆に相性が悪いのは、同じレザーアイテムです。たとえば手袋もレザーだと、強く見えすぎます。ではレザーのバッグも持てないの？　と思った方もいるかもしれません。バッグでは黒や深いブラウンだと、やはりハードな印象になってしまうので避けてほしいのですが、鮮やかな色であればアクセントになって素敵です。

また、ライダースに禁止したいのは、膝上デニムのスカートです。ちょっと昔風の着こなしに見えてしまいます。

前作では、私は大人の女性がミニを履くのを禁止していました。ミニはどうしても、生々しいセクシーさのようなものが出てしまうのと、膝が出て、年齢を感じさせてしまうからです。

しかし、唯一OKなのが真冬の時期です。厚手のタイツを履けば、膝が隠れるからです。また、服の生地も厚くなるので、生々しくならずにすみます。

大人向けのミニスカートでいちばんおすすめなのが、フレアータイプ。体のラインを拾わないからです。写真のようなカラースカートだと、面積が小さいので、アクセントにもなって可愛く見えます。またレザー素材のミニも、見つけたらぜひ購入を。レザーは、大人っぽい着こなしができるのでとても使えます。

そして、ここが大切なのですが、トップスは大きめ、ゆるめのものにしましょう。これを、スカートにインせずに着ます。このバランスが生々しさを生みません。こうやって、スカートを強調させないようにしましょう。

大人のミニは、生々しさとセクシーさをできる限りおさえられたら完璧です。

Column

大人のミニは真冬はOK

knit : la SPLENDINA
(UNIVERSAL LANGUAGE)
skirt : GU
bag : DIANA
bangle : BEAMS (own item)
glasses : Lattice
tights : tutuanna
boots : Binoche (CARNET)

knit : COMME CA ISM
skirt : own item
earrings : GU
bangle : JUICY ROCK
scarf : Rocco style.
bag : CHRISTIAN VILLA
(own item)
tights : tutuanna
shoes : N.

Autumn & Winter

ざっくりニットはベーシックカラーのもの

gray knit : ZARA (own item)
off-white knit : Uniqlo U (UNIQLO)
brown knit : DRESSLAVE (own item)

ここからは、秋冬に持っていると便利なトップスを見ていきましょう。まず最初は、ざっくりニットです。ざっくりニットは、可愛らしいほっこりした感じがあり、しかも下にたくさん着られるので、冬に欠かせないアイテムです。

まずは、編み目の荒いローゲージのものを選びましょう。編み目自体が模様になっているものは、太って見える可能性があります。だから、必ずかざりなどのないシンプルなものにしましょう。

色のいちおしは、少し薄めのグレーです。女性らしく上品になり、暖かそうに見えます。また、白や茶色もよく使える色です。ざっくりニットは女性らしいアイテムなので、これらの柔らかい色で、フェミニンに見せましょう。形はVネックでもクルーネックでもかまいません。

丈は腰骨が隠れるぐらいの長さが目安です。これより長いとぼてっと見えてしまうので注意しましょう。ざっくりといっても、大きすぎるものもNG。体のラインに沿う程度のゆるさがベストです。意外とこの条件を満たす、シンプルなざっくりニットは見つけにくいもの。もしお店で出会ったら、すぐ買うことをおすすめします。

Autumn & Winter

ざっくりニットはきれい目と合わせる

knit : ZARA (own item)
dress : WHITE
(WHITE THE SUIT COMPANY)
bag : LANDS' END
tights : tutuanna
sunglasses : GU
boots : Binoche (CARNET)
pierce : own item

knit : ZARA (own item)
shirt : Gap
pants : BEAUTY & YOUTH
(own item)
scarf : own item
bag : Scrap Book (own item)
bangle : JUICY ROCK
socks : tutuanna
sneakers : CONVERSE (own item)

ざっくりニットは、カジュアルなアイテムです。だから、上手に着こなすには、どこかにきれい目なアイテムを入れましょう。たとえば、同じくワイドパンツのようなカジュアルボトムと合わせる場合、白シャツを中に入れたり、首元にエレガントなスカーフをチラ見せさせてきれい目を必ず足しましょう。カジュアルだけで組み合わせてしまうと、印象が「単調」になってしまいます。こうするだけで、この単調な着こなしから脱却できるのです。

また、このニットはワンピースの上から重ねるのもおすすめです。厚手のニットは、薄手の素材と合わせると質感がミックスされておしゃれに見えます。お手持ちのワンピースが、まるでひらりんミドル丈スカートのように使えます。秋に夏用のワンピースと合わせてもいいでしょう。ただ、リネンなど素材があまりに夏ものすぎたり、ボタニカル柄やハイビスカス柄などの季節感が出やすいワンピースは避けましょう。下にタイツを重ねれば防寒もできます。また、グレーのニットの場合は、迷ったら全身を同色コーデにしましょう。上品な印象になりますよ。

右ページではワイドパンツとタイツをそれぞれニットより濃い色にして、メリハリをつけています。キャンバストートの白が抜けをつくってくれます。

Autumn & Winter

ダンガリーシャツは色落ちしているものを選ぶ

shirt : Gap (own item)

must item A/W

Dungaree Shirt

本物のおしゃれとは、何でしょうか？　私は「力の抜けた」ものが本物だと思います。近年よく耳にする「こなれ感」も、これを言い換えた言葉です。一生懸命「おしゃれしました！」と周りから気づかれてしまうのは、古く痛々しく見えます。サラっと着ているだけなのに、なぜだかおしゃれに見える。それが、本当のおしゃれです。

そのために、ぜひ持っていていただきたいのがダンガリーシャツです。ダンガリーシャツは、まさにこのこなれ感を代表するアイテム。カジュアルアイテムなので、ちょっと羽織るだけで、力の抜けたおしゃれにしてくれます。

そんなダンガリーシャツは、選び方が大切です。大きなポイントが色。必ず、色落ち加工がされているものを選びましょう。この濃淡が、シャツを高見えさせます。ダンガリーシャツはきちんと選ばないと、安物感が出ます。おすすめはＧａｐです。このブランドはデニムものが本当に得意です。

また、これもジャストサイズのものを選びましょう。今までお話ししてきたように、肩の縫い目が縦にまっすぐになるのが目安です。また、ステッチや刺繍が入ったウエスタン風のデザインは、意外に使いづらいです。あくまでも、シンプルなものにしましょう。ボタンは白のシェルがいちばん使いやすいです。

Autumn & Winter

ダンガリーにはパールが最強

jacket : GOUT COMMUN
shirt : Gap (own item)
pants : UNIQLO
belt : UNIVERSAL LANGUAGE
bag : POPCORN (Jines)
glasses : Lattice
socks : tutuanna
pumps : 銀座かねまつ

sweat-shirt : GU (own item)
shirt : Gap (own item)
skirt : GOUT COMMUN
necklace : JUICY ROCK
bag : L.L.Bean (own item)
tights : 靴下屋 (own item)
shoes : GEMMA LINN
(Daniella & GEMMA)

「ダンガリーシャツはデニム」だと思ってください。ですので、ダンガリーシャツもオールシーズン使えるアイテムです。デニムパンツのように、合わないものはありませんし、デニムジャケットのように羽織るものとしても使えます。もともとカジュアルなアイテムなので、コーディネートはきれい目のものと合わせると、ミックス感が生まれておしゃれです。

そんなダンガリーシャツに合わせてもらいたいのが、パールです。ダンガリーシャツの上に、一連パールのネックレスを合わせると、カジュアルときれい目のバランスが絶妙になり、ものすごくあか抜けた着こなしになります。

繰り返しますが、ダンガリーシャツはカジュアル担当。だから、写真のように、きれい目でかっちりしたジャケットに合わせると、それだけで力の抜けた、センスのいいおしゃれができます。ダンガリーシャツほどのおしゃれアイテムはないのです。

よく難しいと言われる、上下ともデニムの着こなしも写真左のようにトライしてみましょう。やってみると意外に簡単です。必ず、足元をヒールにして、女っぽい要素を加えればいいだけです。写真のように、ロールアップした足元に、ラインの入ったソックスをチラ見せするテクニックは、秋におすすめです。

Vネックニットはとろみトップスと同じ効果がある

must item A/W

V-neck Knit

navy knit : la SPLENDINA
(UNIVERSAL LANGUAGE)
white knit : UNIQLO
gray knit : COMME CA ISM

Vネックニットは秋冬の強い味方です。どうしても女性らしい部分が隠れてしまいがちな秋冬のコーディネートですが、首と鎖骨が上品に見せられます。

だから、選ぶときには思っているよりも、ぜひ少し深めのVにしましょう。

購入するときは、いつもより1、2サイズぐらい上のものが良いです。サイズが大きいと、鎖骨のあたりも見え、しっかり深Vになるので大人っぽくなります。さらに、ローゲージよりも編み目が見えないハイゲージの方が、生地に落ち感が出て、大人っぽく見えます。着やせ効果もあり、華奢に見えます。

色は黒、白、ベージュ、ネイビーなどベーシックカラーが何にでも合います。ニットはぴったりしているとコンサバに見えてしまいますが、ゆったりしていると、カジュアル過ぎず、程よく力が抜けて柔らかく上品な印象になります。これはレーヨンやシルクなどのとろみトップスと同じ効果。大人の色気を感じさせることができるのです。

Vネックニットを買うなら、おすすめはユニクロです。ニットは状態のいいものを常に着ていたいもの。ユニクロは毎年、質のいいものが定番で出ます。毛玉や擦れがあるくらいなら、すぐ買い換えましょう。胸の大きい方はメンズを着るのもおすすめ。生地が厚く、強調されないですよ。

Vネックニットは ボトムで変わる

knit : COMME CA ISM
skirt : GOUT COMMUN
bag : BEAUTY & YOUTH
(own item)
necklace : JUICY ROCK
bangle : JUICY ROCK
tights : tutuanna
pumps : DIANA

knit : COMME CA ISM
skirt : GOUT COMMUN
stole : AMERICAN HOLIC
bag : DIANA
pierce : KOE
bangle : JUICY ROCK
tights : tutuanna
boots : DIANA

knit : COMME CA ISM
t-shirt : Hanes
pants : UNIQLO
glasses : GU
beret : AMERICAN HOLIC
bag : DIANA
shoes : GU

Vネックニットは、鎖骨を見せて潔く着るといちばんかっこいいです。ですので基本事項として、インナーは絶対に見えないようにしましょう。インナーには、必ず深いネックのものを選んでください。

このニットは、合わせるボトムを選びません。ボーイフレンドデニムやべイカーパンツのような男っぽいパンツだとかっこよく、フレアスカートやIラインスカートにすると女らしい雰囲気が手に入ります。ボトムが全体の印象を決めるので、その雰囲気が楽しめるように、小物はボトムに合わせた味つけをするのがいいでしょう。

たとえば、フレアスカートの場合には、ショートブーツやレオパード柄のバッグでより女っぽいものを。タイツも黒ではなく、ブラウンにするとより上品になります。

Iラインスカートは、後ほど詳しく紹介しますが、素材感を楽しんでください。ツイードのIラインスカートをVネックニットに合わせると、育ちのいいお嬢さんの雰囲気になります。ツイードはたくさん色があるので、ここでは中の色を他のアイテムに拾って、ボルドーのタイツにブルーパンプスを合わせてまとめています。

ニットコーデのもうひとつおすすめが、中央の写真のように、ニットの下にTシャツを合わせることです。スポーティ要素がプラスできて、よりおしゃれに見えます。

Autumn & Winter

フードつきのプルオーバーはひとつは持っておくべき

black sweat-shirt : GU
gray sweat-shirt : GU (own item)

must item A/W
Pullover

お客様に「使いこなしてみたい！」とよく言われるのが、フードつきのプルオーバーです。一見大人が使うには難しく見えるアイテムかもしれませんが、これほどかっこよさと大人っぽさがブレンドされているものはありません。ちょっとモードな雰囲気もあります。コーデのコツさえつかめば簡単です。すごく使えるので、もし持っていなければぜひ買い足してください。

特におすすめの色は黒。よりモードに見えます。グレーも使えます。そして、フードが小さいものを選ぶと、高級感が出ます。フードが小さいことで、首回りにボリュームが出て、立体感が生まれるからです。

また、プルオーバーは、ジャケットやアウターの下に着るととても可愛いので、ぜひそれを想定してコンパクトなサイズのものを選びましょう。カジュアルな分、ダボっとしていると、地元着のようにも見えてしまいます。特に袖は手首あたりまでの短さにし、丈も腰骨より少し上ぐらいのものがいいですね。

使われている金具がゴールドのものを選ぶとより大人っぽくなります。GUのパーカーつきプルオーバーは、サイズがコンパクトな上に金具もゴールドなので、本当におすすめです。

Autumn & Winter

「そこにプルオーバー持ってくる!?」と思わせるには

shirt : AMERICAN HOLIC
sweat-shirt : GU
bag : ZARA (own item)
skirt : Jines
tights : tutuanna
shoes : Le Talon (own item)

jacket : GOUT COMMUN
sweat-shirt : GU (own item)
pants : UNIQLO
bag : BEAUTY & YOUTH (own item)
glasses : Lattice
socks : tutuanna
pumps : 銀座かねまつ

jacket : SLOBE IENA (own item)
sweat-shirt : GU
skirt : WHITE (WHITE THE SUIT COMPANY)
bag : INES DE LA FRESSANGE (UNIQLO)
pierce : JUICY ROCK
tights : tutuanna
pumps : 銀座かねまつ

プルオーバーの特徴は、スポーティなカジュアルさです。ですから、きれい目や女らしさとミックスするとうまくいきます。おしゃれ上級者ならではの、「そこにプルオーバー持ってくる⁉」が、意外に簡単にできます。

ポイントは、ニットを着るような場面で、プルオーバーにすることです。

たとえば、紺のジャケットの下にプルオーバーを入れると、そのスポーティな要素が、ジャケットの固い印象を和らげてくれます。デニムを合わせる場合、足元はヒールにしましょう。必ずどこかにきれい目なアイテムを入れるのを忘れないように。

真ん中の写真のように、黒のライダースジャケットのようなレザーアイテムと合わせるのもいいでしょう。黒×黒にすると、さらにモードな雰囲気になります。これも、かっこよすぎるので、女性らしいアイテムを忘れないように。ここでは、花柄のフレアスカートに、ボルドーのシューズで女性らしさを足しています。

女性らしい、レースのスカートとの相性も抜群です。ニットのように、中にカジュアルなチェックシャツを着ても素敵です。ぜひ、カジュアルさと女性らしさをミックスして、プルオーバーを楽しんでください。

カラーニットは暖色と寒色を持つ

red cardigan : LANDS' END
pink knit : FREDY (own item)
blue knit : N.
yellow knit : destyle
(THE SUIT COMPANY)

カラーニットは、色の少ない秋冬のコーディネートを鮮やかに彩ってくれる、数少ないアイテムです。お店でカラーニットを見つけたら、ラッキーだと思っていろいろ選んでください。

他のアイテムにベーシックカラーが多いので、「ちょっと派手かな？」と思うぐらい、鮮やかな明るいカラーを選んでかまいません。ポイントは暖色系と寒色系、両方をバランスよく持っておくこと。両方持っておくと、コーディネートに困りません。原色も使えますし、もし抵抗のある方は、少しくすんだダスティ系の色だと、浮いてしまうこともありません。また、パステルピンクのような甘めの色でも冬はベーシックカラーと合わせれば大人っぽく着こなせますよ。

形はVネック、クルーネックどちらでもOKです。カーディガンも使えます。ただ、タートルネックだけは、カラーにすると太って見えてしまう可能性があるので避けた方がいいでしょう。サイズ感は、少しゆるめのものが、着たときに体が泳いで華奢に見えます。重ね着にも使えます。

もしこれからカラーニットを購入するなら、プチプラブランドよりもセレクトショップで探す方が、トレンドのカットを取り入れた、美しい形が見つかります。

Autumn & Winter

カラーニットは同じ色のシャツを下に重ねると、コーデに厚みが出る

must item A/W

Color Knit

cardigan : LANDS' END
shirt : AMERICAN HOLIC
skirt : GOUT COMMUN
bag : GOUT COMMUN
necklace : JUICY ROCK
tights : tutuanna
boots : DIANA

難しく感じるカラーニットのコーディネートですが、いくつかテクニックがあるので、それを覚えておけば簡単です。ポイントは、同じ色を他にも使うことです。

ひとつめは、同じ色のシャツを下に重ねること。写真のように赤いニットには赤のチェックのシャツを重ね、ブルーのニットにはダンガリーシャツなどがいいでしょう。このテクニックはすごく簡単なのに、コーディネートに厚みが出ます。ニットとシャツの色味をぴったり同じに合わせる必要はありません。少しずれていたり、柄もののシャツを合わせるのもおしゃれな印象になります。

もうひとつは、ボトムにカラーニットと同系色のものを選ぶことです。イエローのニットにはブラウンのチノパンを合わせたり、右ページのように、赤いカーデにブラウンのスカートを合わせればまとまって、鮮やかなカラーニットでも浮いてしまうこともありません。

それから、カラーニットを1枚でさらっと着るのも潔くてすごく素敵です。その場合は、ニットと同じ色のピアスやイヤリング、あるいはストールと合わせると、統一感と厚みを持たせられます。

Autumn & Winter

タートルはリブの細い黒を選ぶ

knit : GU

must item A/W

Turtleneck

タートルネックは、普通に着ただけだと、似合う似合わないがはっきり分かれる危険なアイテムです。首を隠すのでスタイルが悪く見えたり、身体のラインが出てしまうからです。でも、選び方と着こなし方を間違えなければ大丈夫。首まで覆って暖かいので、寒い日の心強い味方になってくれます。

選ぶのは、リブが細いものにしましょう。そして、色は黒です。後ほど説明しますが、タートルネックはシャープに着たいからです。

タートルネックは体にフィットしているものがきれいに見えます。フィットしているか見極めるコツは、着たときに縦のリブがまっすぐに見えているか。特に見るのは脇です。ここのリブが、横に引っ張られすぎていたり、背中に横ジワが出てしまうものはやめましょう。パツパツに太って見えてしまう原因です。

丈は腰骨にかかるぐらいだと、ボトムにインもアウトもできるので使いやすくなります。

また、生地は厚すぎるものは避けて、下に引っ張ったら首がたるませられるくらいの薄いものにしましょう。首のタートル部分は、きれいに折ってしまうと古臭い印象になってしまいます。くしゅっとたるませるか、ラフに折りましょう。

Autumn & Winter

タートルネックを着るときは顔まわりをシャープに

must item A/W
Turtleneck

knit : GU
skirt : WHITE (WHITE THE SUIT COMPANY)
belt : GU (own item)
bag : ZARA (own item)
bangle : BEAMS (own item)
pierce : GU
pumps : ORiental TRaffic

knit : GU
shirt : 無印良品 (own item)
pants : Rocco style.
necklace : JUICY ROCK
bangle : JUICY ROCK
glasses : Lattice
bag : WHITE (WHITE THE SUIT COMPANY)
socks : tutuanna
pumps : PLST (own item)

knit : GU
vest : GU
pants : GOUT COMMUN
bag : L.L.Bean
necklace : JUICY ROCK
bangle : own item
socks : tutuanna
sneakers : CONVERSE (own item)

タートルネックには、たったひとつ、大切なルールがあります。それは、「シャープに着ること」。

具体的には、まず首まわりの髪をスッキリさせることです。ショートヘアの人と最も相性がいいのですが、髪が肩にかかる人は、後ろで必ずまとめ、あごのラインが出るようにしましょう。

そして、首まわりがすっきりした分、メイクはしっかりして、顔を華やかにします。また、大ぶりのピアスやイヤリングを必ずつけましょう。華奢なアクセサリーは貧相に見えてしまう可能性がありますので、必ず大ぶりのものを。テクニックとして、ニットの中にシャツを入れて色を足すのも、華やかになります。

顔まわりさえシャープにできれば、あとは合わせるボトムをゆるっとした余裕のあるものにします。フレアスカートやワイドパンツが相性抜群です。上下がぴったりしたもの同士だと、妙に女っぽくなって、頑張ってる感が出てしまいます。

それからもうひとつ、ボディラインにも気を配ってください。小胸の方はそれとなく盛り、逆に胸の大きい方は下着などで補正して、少しおさえた方がきれいに着こなせます。タートルネックは冬の戒めだと思って、お腹に力を入れて着ましょう。

Column

服の整理は1年後

季節の変わり目に頭を悩ませる「衣替え」。

前作では、洋服を処分するときの基準は、「汚れていたり、袖や裾がほつれていたり、すり切れていたりするもの」か「３年以上たった、流行に合わない古いもの」とお伝えしましたが、この判断って難しいですよね。特に、つい最近まで着ていたものは、季節が変わったからといって急に古く見えたりしないし、たとえ汚れていたとしても、気づかないことの方が多いです。

だから、洋服の処分は、１年後にしましょう。次にその季節がきて、久しぶりに見たときに、改めて「着るか、着ないか」を考えた方が的確に判断できます。１年前に気に入っていたアイテムが、今年は全然ピンとこないということだってあります。また、時間的な距離をとることで「この服、随分くたびれていたな」と冷静に判断することもできるようになります。衣替えのときは、直前のシーズンのものはそのまましまってかまいません。１年後に判断しましょう。

Column

セールで買ってはいけないのは真夏のもの

セールのときは、「３ヶ月後に着られるか」を目安に買いましょう。つまり、真夏のセールならば、11月、12月に着られるものを買うことを心がけます。これを心がけると失敗しません。

具体的な狙い目のアイテムは、たとえばレザーのアイテムやシャツ、通年で使えるデニム。パンプスやバッグ、そしてアクセサリー。

それから、最も おすすめなのが、ドレスです。ドレスは、パーティが決まったタイミングで買うことが多いですが、安い時期に買っておいて損をすることはありません。それから、傘、下着も同様にセールが狙い目です。

セールで夏ものを買うのは、自分の好きなブランドや、普段は買えない高価なブランドのもののみにしましょう。それも定番アイテムだと失敗しません。「これは来年も使う」ことを念頭に、ここぞとばかりに買いましょう。

コーディネートに合わせてバッグを変える習慣がつくと、おしゃれ度がぐんとあがると前作から何度もお伝えしてきましたが、そうはいっても毎日荷物を入れ替えるのは面倒だし、うっかり忘れ物をしてしまいそうで心配、という気持ちもわかります。

そんなときはバッグインバッグの出番です。私は、家にあるクラッチバッグか、大きなメイクポーチをバッグインバッグとして使っています。**この中に、必ず毎日必要なもの、たとえばメイク道具や、携帯の充電器、通帳などを入れています。**

特に持ち物が多い方は、クラッチバッグを代わりに使うのがおすすめです。こうすると忘れ物がなくなるのはもちろん、ランチタイムやオフィスでちょっとした買い物に出るときもこのクラッチだけを持って出かければOK。クラッチは意外とコーデを選ばないので、いいアクセントになってくれます。お財布を丸のまま持って歩くより、ずっとおしゃれなのに手軽です。

それに何より、自分のお気に入りのクラッチを使えば気分が上がります。私は旅行先でも、クラッチバッグを小物入れの代わりに使っています。ちょっと夜にレストランに行く、などのときにも大活躍してくれます。

Column

バッグインバッグはクラッチで

gray bag : Three Four Time
yellow bag : own item
black bag : FOREVER21 (own item)

ワイドパンツはおしゃれなのに防寒アイテム

black pants : GOUT COMMUN
beige pants : LEPSIM
gray pants : BEAUTY & YOUTH (own item)

もはや定番となったワイドパンツ。大人の余裕を出し、しかも足も隠して長く見せられるこのアイテムは、なくてはならないものといっても過言ではありません。

ワイドパンツは何と言っても中にタイツや靴下を重ねられるのが魅力。ですから秋冬は、腰にタックの入ったものにしましょう。たくさん着てもゆったりして見え、着やすいからです。素材にウールが入っているものなら、より暖かくなります。

センタープレスが入っているものを選ぶと、足が長く、またきれい目にも使えて、オンでもオフでもコーディネートに困りません。色は締め色にもなる黒やチャコールグレーが使えます。また濃いベージュのような明るいブラウンもおすすめです。

ワイドパンツのような裾が広いものは、スニーカーと合わせるのがいちばんです。買うときはスニーカーを履いて行き、それに合わせた丈で選ぶと失敗がありません。丈はくるぶしの下にかかるぐらいがベストです。

幅は写真のような、ワイドすぎないストレートよりのものを選びましょう。あまり広すぎない方が、重心が下がりすぎないので、身長に関係なくもたつかず着ることができます。また、同じ理由で、ハイウエストのものもおすすめです。これも視線を上に引き上げる効果がありますので、足が長くスタイルよく見えます。

ワイドパンツはトップスをコンパクトにする

coat : Mystrada
knit : H&M (own item)
shirt : 無印良品 (own item)
pants : BEAUTY & YOUTH (own item)
bag : FOREVER21 (own item)
glasses : Lattice
sneakers : CONVERSE (own item)

jacket : SLOBE IENA (own item)
cardigan : N.
pants : BEAUTY & YOUTH (own item)
bag : Rocco style.
scarf : Rocco style.
bangle : JUICY ROCK
pierce : JUICY ROCK
shoes : N.

ワイドパンツのコーディネートは簡単、トップスをコンパクトにすることだけです。トップス1：ボトム2の法則をぜひ覚えてください。そうすればワイドパンツ全般を着こなすことができます。いちばん簡単なのはトップスの裾をとにかくインすることです。ニットやカットソーの裾をインしてください。背が低い方でも、トップスをこう着れば、足に長さが出るので上手に着こなせますよ。

ワイドパンツは、チェスターコートとの相性が最高にいいです。これだけで海外のファッションエディターのような、ハンサムな着こなしが完成します。合わせるアウターはショート丈でもロング丈でも何でも合いますが、チェスターコートはぜひ試してみる価値ありです。

前の項目でお伝えした通り、ワイドパンツにはスニーカーがいちばん合います。写真右のようなポインテッドトウの靴やバレエシューズもOKなのですが、くるぶしの下よりも長い場合は、唯一、細いヒールのパンプスだけが合いません。ワイドパンツはボリュームがあるので、そこに細いヒールを合わせるとボリュームに負けてしまい、アンバランスに見えるからです。もし、足元をヒールできれいに見せたい場合は、太いヒールやチャンキーヒールのものにしましょう。バランスがとれます。

Autumn & Winter

黒の細身パンツはクール担当

pants : ZARA
(own item)

must item A/W
Black Skinny Pants

すぐに海外セレブになれるアイテム、それが黒のスキニーデニムです。海外スナップを見ていると、必ず黒のスキニーデニムを履いている人が登場します。このアイテムは、私がお客様におすすめしたときにも、みなさん驚くほどへビロテしてくれます。これはやはり、ブルーのデニムには出せないシャープ感が魅力的なのだと思います。しかも、使いやすいアイテムなのです。

黒スキニーで最も重要なのは丈感です。少し短め、くるぶしにかかるくらいの短さのアンクル丈が、足がまっすぐに見えます。裾がクシュクシュとたるむような長さのものはNGです。スタイルが悪く見えます。スキニーデニムを選ぶときはフラットシューズを履いて試着をすると、ちょうどいいアンクル丈になります。

スキニーデニムは、ブランドによって形がすごく違います。値段の高い、安いではなく、あのブランドのものは似合わないけれど、こっちは似合うということがありますので、ユニクロ、ZARA、GU、Gapの「4大プチプラブランド」をまずは履き比べるのがおすすめです。自分に合っているかは、ウエストと、太ももの内側でチェックします。ウエストは馴染んでくるので、選ぶときはぶかぶかすぎないものにしてください。太ももはあまり体のラインを拾わずストンとしているときれいです。

Autumn & Winter

モードに変身したい日はマッチ棒スタイルがおすすめ！

knit : ZARA (own item)
t-shirt : Gap
pants : ZARA (own item)
pierce : own item
bracelet : own item
bag : Lilas Campbell
stole : TOPKAPI
sunglasses : POLICE
boots : WASHINGTON

jacket : GOUT COMMUN
knit : GU
pants : ZARA (own item)
belt : GU (own item)
necklace : own item
bangle : BEAMS (own item)
bag : L.L.Bean
scarf : Rocco style.
pumps : 銀座かねまつ

「冬に、全身暗い色のコーディネートはやめましょう」と言ってきましたが、黒スキニーを使ったものだけは例外です。黒の細身パンツに、黒のトップスを合わせると、まるで海外スナップの常連モデルのようなモードさが漂います。

黒スキニーの着こなしのコツは、上半身にボリュームを持たせること。たとえば、黒のタートルネックを着て、これだけだとトップスはコンパクトですが、ジャケットを羽織ったり、ざっくりニットを合わせたりと、とにかく上にボリュームを持たせ、下をタイトにしましょう。このような、まるで「マッチ棒」のようなスタイルは黒スキニーの鉄板スタイルです。**重心が上に上がるので脚が細く、長く見えます。**

このマッチ棒スタイルを守れば、靴は何でも大丈夫。スニーカーにすればカジュアル、ヒールにすればきれい目、ロングブーツに合わせればパリのような雰囲気に。ブーツは足のラインを隠してくれるので、スキニーと合わせれば最強にスタイルがよく見えます。パンツと一体化すると、靴の存在感が出ませんので、色は黒以外の、ブラウンやカーキを合わせるのがポイント。重たくならずに可愛く決まります。

また、黒スキニーと赤のヒールはすごく相性のいいアイテム。一気に大人のいい女感が漂います。

Autumn & Winter

ひらりんミドル丈スカートは冬を華やかにする

pleated skirt : GOUT COMMUN
yellow skirt : own item
flower skirt : WHITE (WHITE THE SUIT COMPANY)
dot skirt : INES DE LA FRESSANGE (UNIQLO)

knit : DRESSLAVE (own item)
skirt : Rocco style.
bag : own item
tights : tutuanna
shoes : GU

must item A/W
Flare Mid-length Skirt

秋冬は、色を使うことがおしゃれを決めます。そして、このミドル丈のひらっとしたスカートこそが、どんなにカラフルな色を使っても浮かないアイテム。シンプルで装飾のない形さえ選ぶことができれば、色はどんなに鮮やかでも大丈夫です。

歩くたびに裾がひらりとするミドル丈のフレアスカートは、これだけで気分の上がるアイテム。寒くてスカートを避けがちな冬ですが、丈が長いし、ボリュームがあるので、下に防寒もできます。

まず、丈はふくらはぎの下ぐらいまでしっかりあるものがベストです。大人っぽくエレガントに見えます。そして、いちばん使える色は、何といってもマスタードイエロー！　どんなトップスにも合います。他の色ならピンクパープルも素敵です。このスカートはコーディネートのアクセント。ちょっと派手かな？　と思うぐらい鮮やかな色味がおすすめです。また、たくさんの色が入っている柄もおすすめ。コーディネートのときに、中に入っている色を拾って着ると、まとまりが出ておしゃれに見えます。

いちばんいい素材は、ポリエステルが入ったもの。ひらっとした雰囲気が楽しめます。シルエットはウエストから広がるものよりも、布をたっぷり使い、裾にかけて徐々にボリュームの出るAラインのものにしましょう。

Autumn & Winter

ミドル丈スカートは靴を選びません

must item A/W

Flare Mid-length Skirt

jacket : Rocco style.
knit : AMERICAN HOLIC
skirt : own item
bag : L.L.Bean
sunglasses : GU
bangle : JUICY ROCK
tights : tutuanna
boots : Binoche (CARNET)

jacket : THE SHINZONE (own item)
knit : H&M (own item)
skirt : own item
knit cap : TOPKAPI
bag : FOREVER21 (own item)
bangle : JUICY ROCK
tights : tutuanna
sneakers : CONVERSE (own item)

knit : ZARA (own item)
skirt : own item
bag : BEAUTY & YOUTH (own item)
stole : own item
necklace : JUICY ROCK
socks : tutuanna
pumps : PLST (own item)

このスカートはトップスだけでなく、なんと靴も選びません。すべての靴を制覇できます。フラットシューズやスニーカーを合わせてもセンスよく、カジュアルとミックスできますし、もちろんヒールにも合います。

カラースカートは、合わせるシューズによって全体の印象を変えられます。白いハイカットスニーカーなら、カジュアルでスポーティなイメージになります。写真だと、スニーカーの雰囲気に合わせて、Gジャンを羽織っています。黒のTストラップパンプスだとレディな大人の女性。ブラウンのショートブーツだと、アクティブな印象になりママにもピッタリです。いずれも、靴のイメージにトップスを合わせていくとうまくいきます。女らしいTストラップパンプスなら、同じく女らしいざっくりしたニット、アクティブなブーツなら、スポーティなミリタリージャケットという感じです。

ただ、カラーパンプスを合わせたいときだけ、注意が必要です。コーディネートは、3色以上色が入るとまとめるのが途端に難しくなるので、スカートとパンプス以外はすべてベーシックカラーにしましょう。パンプスの色は何でもOKです。

それから寒い時期におすすめなのがロングブーツ。ブーツを合わせれば中にタイツや靴下を重ねばきしても、まさかそんなに防寒しているとは思われません！

Iラインスカートは「素材」で選ぶ

white skirt : Jines
red skirt : destyle (THE SUIT COMPANY)
black skirt : ZARA (own item)
tweed skirt : GOUT COMMUN
navy skirt : BUONA GIORNATA

さて、みなさん「Iラインスカート」って持っていらっしゃいますか？　洋服は、意識的に選んでいかないと、どうしても偏りが出てしまうもの。ぜひスカートは「ふんわり系」と「ぴったり系」、この2種類を持ちましょう。印象が全く変わります。

ここでいうIラインスカートとは、ストンとして裾に広がりの少ないシンプルなもの。丈はひざ下がベスト。私は、シンプルで装飾のないデザインのアイテムをおすすめしていますが、このスカートも、基本はこれを守ってください。ただ、それから大きく逸脱しない範囲で、レースやベルトなどがついていてもOKです。なぜなら、Iラインスカートは、様々な素材を楽しんでほしいアイテムだからです。

このスカートは素材が大きく印象を決めます。レースや革、ツイードなどがいいでしょう。これらは、ストレッチが効かないので、体のラインを拾わないのもいいところ。お尻や太ももを浮き立たせないよう、伸縮しない素材にしましょう。レースのものは生成りやダスティピンク、グレーなどの淡めのカラーが、女らしい素材感が伝わって素敵です。ぴりっとかっこいい印象の革のスカートは合皮でかまいません。色は黒やネイビーがおすすめです。スエードは優しい印象になります。スエードの場合はベージュが使えます。履いてみて、もし横ジワが入る場合はサイズを上げましょう。

Iラインスカートで「女」を忘れず入れる

cardigan : N.
skirt : BUONA GIORNATA
bag : MAXIMA (UNIVERSAL LANGUAGE)
scarf : Rocco style.
bangle : JUICY ROCK
pierce : Lattice
tights : tutuanna
pumps : 銀座かねまつ

jacket : GOUT COMMUN
knit : destyle (THE SUIT COMPANY)
skirt : BUONA GIORNATA
belt : GU
(own item)
bag : WHITE
(WHITE THE SUIT COMPANY)
glasses : POLICE
pierce : JUICY ROCK
watch : Three Four Time
tights : tutuanna
shoes : FABIO RUSCONI (Essay)

sweat-shirt : DISPARK
shirt : Gap
skirt : BUONA GIORNATA
bag : L.L.Bean
necklace : JUICY ROCK
tights : tutuanna
pumps : DIANA

何度も言いますが、スタイリングはカジュアルやきれい目、男っぽいものと女っぽいものなど、異なったテイストをミックスさせるとおしゃれに見えます。

Iラインスカートは、この本で紹介する洋服のうちでいちばん女っぽいアイテムです。コーディネートに「女っぽい」要素をミックスさせたいときにぜひ使ってください。男っぽいものや、カジュアルなアイテムと合わせると、それだけで上級者に見えます。

たとえば写真のように、男っぽさ担当のジャケットや、カジュアル担当のスエットに合わせるだけで素敵です。ちなみに、カジュアルなスエットは、白シャツを下に入れると、ぐっと大人っぽく仕上がります。

また、Iラインスカートは、写真左のコーデのようにトップスはカーディガンを1枚で着て、とことん女っぽく攻め、あえてミックスをしない着方もあります。

シューズは基本的に何でも合いますが、ロングブーツだけはひざ下が短く見えることがあるので避けましょう。ショートブーツの場合は、足元が少し重たく見える可能性があるので、ウエストにベルトをし、視線を上に向けさせるようにしましょう。

ベイカーパンツは大人色「カーキ」を自然に取り入れられる

pants : Rocco style.

もともとパン職人の作業着だったといわれるベイカーパンツ。このパンツはコーデを本当にあか抜けさせます。それはやっぱり「カーキ」アイテムだから。ミリタリージャケットのところでも説明したとおり、大人の女性にとって、カーキは上品で洗練された雰囲気を出すための強い味方です。

ベイカーパンツは、茶色っぽいものより、グリーンが強めのカーキを選びましょう。その方が新鮮なインパクトが生まれます。

いつもはデニムなどの定番ボトムを合わせているようなコーディネートで、あえてカーキのベイカーパンツにすると「酸いも甘いも経験した」大人の雰囲気が出ます。いろいろおしゃれをしてきたけれど、一周回って大人の落ち着きを手に入れた、余裕のある人に見えますよ。

選ぶときのポイントはあまり大きすぎないものにしましょう。パンツが太かったり、ポケットが大きすぎると、本物の作業着に見えてしまいます。できるだけ細身のもの、ポケットも主張のないものを選んでください。ボーイフレンドデニムぐらいの太さが目安です。ベイカーパンツと似ているカーゴパンツもおすすめです。これは主張のあるポケットがついているので、よりカジュアルな雰囲気になります。

ベイカーパンツと組み合わせると、大体センスがよくなる

knit : UNIQLO
shirt : Gap (own item)
pants : Rocco style.
stole : own item
necklace : JUICY ROCK
bag : LOUIS VUITTON (own item)
shoes : GU

jacket : GOUT COMMUN
knit : N.
pants : Rocco style.
bag : MAXIMA
(UNIVERSAL LANGUAGE)
pierce : JUICY ROCK
bangle : JUICY ROCK
pumps : DIANA

ベイカーパンツは作業着からきている、男っぽいアイテムです。だから、ベイカーパンツ以外は、きれい目や、女らしいアイテムでまとめましょう。たとえば、カラーニットやレオパード柄のもの、パールやパンプスなど。いつもはデニムや、テーパードパンツを履いているところを、ベイカーパンツにするだけであか抜けます。

ベイカーパンツのいいところは、きれい目なのにリラックスした雰囲気が出せるところです。たとえば、女性らしいVネックニットに、パールネックレス、ここに男っぽいベイカーパンツを合わせると、力の抜けたきれい目リラックススタイルが完成します。カジュアルなダンガリーシャツを中に入れるとアクセントになります。

さらに、このパンツはピンクやラベンダーなどの、「可愛い」色とも相性抜群。それはカーキという色が媚びていないから。可愛すぎちゃってピンクを着れない、という方はベイカーパンツと組み合わせると、センスがよすぎて驚くはずです。

また、ベイカーパンツの足元に白のシンプルなソックスを持ってきて、黒のエナメルパンプスでピリッとさせるコーディネートは、私も、もう何年もやっている鉄板スタイル。この足元さえできると、コーデは何でも合います。ぜひトライしてみてください。

Autumn & Winter

花柄ワンピースは前開きのもの

dress : WHITE
(WHITE THE
SUIT COMPANY)

must item A/W
Flower Patterns
One-piece Dress

花柄ワンピースはここ最近流行している印象ですが、便利なのでぜひ着ていただきたいアイテムです。1年を通して様々な使い方ができる万能選手で、しかも合わせるものによって、まるで新しい洋服が増えたかのように表情を変えます。

まず、花柄ワンピースの条件は、前開きタイプのものだということ。上から下まで全部ボタンがついているものにしましょう。これは絶対に押さえていただきたい最大のポイントです。実は前作でワンピースは極力着ない、と書きましたが、これはワンピースに頼ってしまうと、コーディネートがワンパターンになってしまうからです。でも、前開きのものだと、いろんな着こなしが可能になります。

ワンピースのベースの色は、黒やネイビーなどのベーシックカラーにしましょう。花柄は小花柄よりも気持ち大きめくらいで、白やグリーン、イエローやピンクなど様々な色が入っているものにしてください。たくさん入っている方が、色を拾ってコーデしやすくなります。派手な色である必要はありません。全体に落ち着いたトーンの方が、秋冬のコーデにマッチしますし、大人向きです。素材はポリエステルが入っている軽めのものにしましょう。羽織りとしても使えるので、長袖の物を選びましょう。これらの条件を満たした花柄ワンピースはとても使えます。

花柄ワンピースは寒くなるごとに重ねていく

dress : WHITE
(WHITE THE SUIT COMPANY)
t-shirt : Hanes
pants : UNIQLO
bangle : own item
sunglasses : POLICE
pierce : own item
bag : L.L.Bean
pumps : SLOBE IENA
(own item)

前の空いた花柄ワンピースは、季節に合わせてたくさんの着こなしができます。秋口から真冬まで、楽しんで着てください。

まず、秋口。白Tシャツにデニムという夏のスタイルに、ガウンのようにさらっと羽織ります。それだけで秋を先取りできます。小物はゴールドや茶色使いのもの、あるいはボルドーなどを合わせるといいでしょう。

ちょっと寒く、秋になってきたら、ワンピースにフードつきのプルオーバーを上に重ねて、スカートのように使ってください。ワンピースは前のボタンをすべて閉めま

冬

coat : WHITE (WHITE THE SUIT COMPANY)
knit : GU
dress : WHITE (WHITE THE SUIT COMPANY)
belt : GU (own item)
bag : TOPKAPI
boots : WASHINGTON

秋

jacket : SLOBE IENA (own item)
sweat-shirts : GU (own item)
dress : WHITE (WHITE THE SUIT COMPANY)
bag : allureville (own item)
tights : tutuanna
slip-on : GEMMA LINN (Daniella & GEMMA)

す。その上にライダースジャケットを着ましょう。辛いライダースと甘めな花柄アイテムは相性抜群。これにスリッポンできれい目とカジュアルミックスの完成です。

本格的に寒くなったら、カラーアウターを重ねます。寒いので、ワンピースの下にリブタートルのニットを入れましょう。このとき胸元のボタンはふたつほど開けて、重ねているのをチラ見せすると、つまった印象がなくなりおしゃれです。ウエストを太ベルトで締めれば、エレガントなワンピースとして使えます。これに厚手のタイツやニットタイツにロングブーツを履けば、防寒も完璧です。

プチプラブランド、私はお客様をお連れするのはもちろん、自分自身もよく買い物をします。ＧＵもユニクロもZARAも素敵ですが、無印良品もとても魅力的なお店。

特に、無印良品で必ず購入するのが、ボーダーカットソー。おすすめは、写真のようなシンプルな全面ボーダーか、胸からボーダーが始まるタイプかの２種類です。私は、汚れたり、へたってきたなと思ったら購入して、常にクローゼットに定番として持っています。

無印のいいところは、定番のものがずっと変わらずあり続けるところ。だから、白シャツやデニムなどもすごく使えます。

無印は、正統派で飽きのこないものが多く揃っています。生地もしっかりしています。他のプチプラブランドは、街を歩いていて「あれは○○のスカートだ」とどこのものかバレてしまうことがありますが、その点無印は、形もカラーもプレーンで、一見して無印だとわからないものが多いです。シャツやカットソーはかなり使えるので、ぜひチェックしてください。気をつけていただきたいのは、サイズ感。なるべく試着をし、自分にフィットするものを選んでください。サイズが大きいものを選んでしまうと、ほっこりしすぎてしまうので注意が必要です。

Column

無印良品では
ボーダーカットソーを買う

ストールは、チェックの色を拾って小物を合わせる

gray stole : UNIVERSAL LANGUAGE
blue stole : TOPKAPI
beige stole : PLST (own item)
red line stole : own item
orange line stole : Gallet

knit : UNIQLO
stole : PLST (own item)
skirt : Jines
bag : LOUIS VUITTON (own item)
bangle : own item
tights : tutuanna
boots : Binoche (CARNET)

knit : la SPLENDINA (UNIVERSAL LANGUAGE)
dress : WHITE (WHITE THE SUIT COMPANY)
bag : Lattice
bag charm : TOPKAPI
bangle : JUICY ROCK
stole : PLST (own item)
tights : tutuanna
pumps : SLOBE IENA (own item)

knit : H&M (own item)
pants : GU (own item)
bag : DIANA
bangle : BEAMS (own item)
pierce : JUICY ROCK
stole : own item
pumps : N.

ストールのいいところは、巻くだけで簡単に様になるところです。持つべきなのは、チェックのストールと、無地のもの。ストールはこの2種類で十分です。

まず、チェックはどこかに黒と赤が入っているものを選びましょう。色が合わせやすくなります。巻き方のコツは、きちんと畳んだまま巻かないこと。一度広げてくしゃっとさせ、空気を入れるように巻きましょう。そして、巻くときにねじりを入れてください。巻くときにこだわりすぎると逆にダサく見えてしまうので、これだけでOKです。

無地のストールの、いちばん使いやすい色は写真のようなグレージュ（グレーとベージュの中間色）です。中間色なので何でも合います。他の色もカラーにするなら、やはりグレーがかった中間色が使いやすいでしょう。

チェックストールをおしゃれに巻く簡単な方法があります。それは、チェックに入った色を、靴やバッグ、ベルトとリンクさせることです。こうすると、統一感が出ます。写真のように、赤のライン入りのチェックストールと赤パンプスを合わせて持っておくと、このセットだけで可愛さが保証されます。無地のストールは、似たような色の洋服だけで、ワントーンコーデをつくるのもおすすめです。

Autumn & Winter

落ち着いた赤のシューズは冬の主役になる

pumps : N.

cardigan : Mystrada
t-shirt : Hanes
pants : BEAUTY & YOUTH
(own item)
bag : LANDS' END
scarf : Rocco style.
beret : UNIQLO
glasses : LOZZa
bangle : JUICY ROCK
pumps : N.

must item A/W
Red Shoes

真っ赤ではなく、深みのある落ち着いた赤は、秋冬にとても映える色です。こういった色の小物は、寒い時期に大活躍しますが、まずパンプスで持っておきましょう。

特にスエードのものは、カジュアルにもなじむので使いやすいです。

守るべきポイントは、先がとがった「ポインテッド」タイプにすること。ヒールは少しだけ、3・5～7センチほどあるものが女らしく、ベストです。赤系統のパンプスは、ヒールの部分が意外に主張し目立つので、高すぎたり、太めのものは避けて、細いものを選びましょう。甲も浅めにすると、足がきれいに見えますよ。

パンプス全体に言えますが、つま先が丸く、甲の部分に細いストラップがついているものは禁止。子供のピアノの発表会のようになってしまいます。Tストラップは、黒なら大人っぽいので大丈夫ですが、赤のパンプスは、絶対にストラップのないものにしましょう。赤は、大人の女性らしく履きたいもの。余計な甘さはいりません。

このパンプスは、コーデの差し色として使うのがいいでしょう。特に、これを写真のようにグレーのワントーンコーデに合わせると、とても素敵です。これまた「いい女」アイテムであるグレーのロングカーデとの相性は抜群。ベレー帽とトートバッグで、まるでパリジェンヌの休日スタイルになります。

Autumn & Winter

冬のスニーカーのソールは白

最初にお話しした通り、白は重くなりがちな秋冬に「抜け感」を出す、とても大切な色です。秋冬は白を取り入れることにかかっていると言っても過言ではありません。そして、実はスニーカーは、その「白」を使える重要なアイテムです。

冬のスニーカーは、「ソール部分が白いもの」にしましょう。もちろん、全体が白くてもいいのですが、ソール

must item A/W
White Sneakers

white sneakers : LAKOLE
white leather sneakers : Orobianco
black sneakers : GU
black slip-on : GEMMA LINN (Daniella & GEMMA)
white hi-cut sneakers : CONVERSE (own item)
black hi-cut sneakers : CONVERSE (own item)

さえ白であれば、上の本体部分が黒くてもOKです。

こんな小さな面積で？　と思われるかもしれませんが、ほんの少しでも大切な役割を果たします。

スニーカーではなく、写真のようなスリッポンでも同じ。ソールの白があるだけでコーデが軽くなりますので、ぜひ選んでみてください。

前作でも書きましたが、スニーカーは黒と白だけでできているものを選ぶと、いちばんコーデに失敗しません。

Autumn & Winter

黒のショートブーツはどんなボトムにも合う

must item A/W
Black Short Boots

coat : WHITE
(WHITE THE SUIT COMPANY)
knit : Uniqlo U (UNIQLO)
skirt : BUONA GIORNATA
necklace : GU
bag : DIANA
fur tippet : destyle (THE SUIT COMPANY)
tights : tutuanna
boots : WASHINGTON

jacket : Rocco style.
t-shirt : Gap (own item)
pants : ZARA (own item)
beret : AMERICAN HOLIC
bag : Lilas Campbell
sunglasses : GU
boots : WASHINGTON

right: WASHINGTON
left : DIANA

どんなコーデにも合う魔法のようなシューズ、それが黒のショートブーツです。迷ったときはこれを履けば、モードか女らしくかどちらかで様になるようにまとめてくれます。

ショートブーツの丈は、くるぶしまであると、バランスがとりやすく使いやすいです。形は細身で、つま先がとがったシャープなものにしましょう。ヒールは2・5センチでも3センチでも、少しでもあった方がきれいに見えます。

この条件を満たしたショートブーツは、どんなボトムにもマッチします。黒の細身パンツに合わせればモードに、Iラインスカートに合わせればぐっと女らしくしてくれます。

Autumn & Winter

ニット帽は黒にすると登山にならない

gray knit cap : TOPKAPI
black knit cap : GU (own item)
fur knit cap : TOPKAPI

jacket : THE SHINZONE (own item)
dress : WHITE
(WHITE THE SUIT COMPANY)
knit cap : GU (own item)
bangle : JUICY ROCK
bag : allureville (own item)
socks : tutuanna
shoes : FABIO RUSCONI (Essay)

must item A/W
Knit Cap

冬の超定番アイテム、ニット帽。朝どんなに忙しくても、これをパッとかぶってしまえばおしゃれに見えます。

まず持つべき色は黒です。ニット帽はスポーティなアイテムなので、一歩間違うと登山家のように見える可能性があります。しかし、黒はモードな色なので、まるで青山にいるような雰囲気がつくれます。

おすすめなのは、ある程度厚みのあるしっかりと編まれたもの。薄くてペロンとしていたり、毛糸のポンポンがついているものは子供っぽいのでやめましょう。リアルファーだけは大人っぽく見えるのでＯＫです。

ポイントとしては、必ず折り返しのあるものにしてください。折り返しがないと、完全に防寒のためだけのものに見えてしまいます。丸い形のものにしましょう。

ニット帽は、白はやめておきましょう。包帯のように見えます。もしふたつ目を探すなら、チャコールグレーのような濃い色がおすすめです。

ニット帽のかぶり方

[ニット帽のかぶり方]

かぶるときは、必ず前髪の生え際から2センチぐらいまで、しっかり深くかぶりましょう。浅くかぶると子供っぽくなってしまいます。耳を見せずにかぶると、セレブのオフの日のような雰囲気が出せます。

[フエルトハット]

実はフエルトハットも1年中使えるアイテム。リボンやテープのついていないシンプルな中折れタイプのものは本当に使えます。色はベージュかグレーがおすすめ。この色は、重たく見えすぎず、顔色も暗くなりません。ハットをかぶるときのお約束は、ストールを巻かないこと。ストールを身につけたい場合は、首からかけましょう。

Column

秋になったら髪の毛の色を変える

秋に入ったら、まず美容院に行きましょう。

そこでヘアカラーを変えることをおすすめします。夏場は元々夏のカラーにしていたり、紫外線などで、髪の色も明るくなっているはず。ですから、８月末から９月初めに、一度美容院へ行って、ぜひカラーリングをしてください。

少し髪の毛の色を落ち着かせるだけで、印象がぐっと秋になります。髪は大きい面積をしめるので、これを変えるだけで雰囲気全体がガラッと変わるのです。色は秋冬っぽければ何でもＯＫ。暗い色の他に、オレンジや灰色がかったブラウンなども素敵です。

また同様にメイクも秋冬にチェンジさせるといいでしょう。といっても難しいことはなく、口紅を買うだけです。

秋冬は赤やボルドー系にすると季節の雰囲気になります。ちなみに、春はピンク、夏はオレンジがいいですよ。

ベレー帽はニット帽と同じに使う

brown beret : TOPKAPI
white beret : H&M
navy beret : TOPKAPI
black beret : UNIQLO
blue beret : CA4LA (own item)
gray beret : H&M (own item)

[かぶり方]

深めにかぶりましょう。左右どちらかに少し角度をつけます。

knit : DRESSLAVE (own item)
skirt : WHITE (WHITE THE SUIT COMPANY)
bag : L.L.Bean
necklace : own item
beret : H&M (own item)
tights : tutuanna
pumps : ORiental TRaffic

最近ブームのベレー帽。でも、大人にはちょっと……と思われる人もいるかもしれません。しかし、ベレー帽は、ニット帽と同じ使い方、かぶり方でよく、とても簡単です。ニット帽と違う部分は、前髪を出すと可愛くなりすぎるので、思い切って中に入れてかぶることだけです。ボリュームが出がちな冬をキュッとコンパクトに見せてくれます。流行にも関係なくずっと使い続けられますので、ぜひ使ってみましょう。

ベレー帽をかぶると、きちんとした雰囲気が出ます。ベレー帽は、女らしい、レディなコーデが好きな方にぴったりです。どんなに女らしくしても、きちんと感を出してちょうどいい雰囲気にまとめてくれるからです。

右ページのような花柄のミドル丈スカートや、Ｉラインスカートと相性抜群です。写真のように、女らしいスカートにモヘアニットというこれまた女らしいものを合わせてフェミニンにしても、きちんと感を持つベレー帽を合わせているおかげで甘い印象にはなりません。

ベレー帽は、フエルトなどのしっかりした素材のものを選びましょう。カラーは黒、グレーは間違いなく使えますが、白やブルー、ブラウンもおすすめ。特に白は、抜けを出してくれる色です。

Autumn & Winter

トートバッグは白だから、冬の必須アイテム

must item A/W
Tote Bag

coat : BEAUTY & YOUTH
(own item)
cardigan : LANDS' END
t-shirt : Gap
pants : UNIQLO
bag : L.L.Bean
beret : TOPKAPI
glasses : Lattice
shoes : GU

jacket : Rocco style.
knit : COMME CA ISM
skirt : ZARA (own item)
bag : L.L.Bean
bag charm : Three Four Time
pierce : GU
bangle : JUICY ROCK
tights : tutuanna
shoes : GEMMA LINN
(Daniella & GEMMA)

red mini bag : Scrap Book
(own item)
gray bag : LANDS' END
black bag : L.L.Bean
gold bag : L.L.Bean
camo bag : L.L.Bean

冬にキャンバス地のトートバッグを持ってほしいのは、それが白だからです。何度も言いますが、冬の抜け感を出せる白のアイテムは、たくさん持っていればいるほどおしゃれ。トートバッグは、写真のように、サイズが大きいものから小さいものまでありますが、自分が使いやすいサイズを選んでください。

キャンバストートは、持ち手の部分がポイント。黒のベーシックなものも使いやすいのですが、遊んでも楽しいです。シルバーや迷彩柄、赤など、好きなものを使ってください。

カジュアルアイテムなので、写真右のように、女らしいIラインのスカートやパンプスと合わせて、テイストをミックスさせましょう。

黒のリュックなら表参道に行ける

bag : Legato Largo
(own item)

jacket : GOUT COMMUN
knit : AMERICAN HOLIC
pants : GOUT COMMUN
beret : CA4LA
(own item)
bag : Legato Largo
(own item)
shoes : N.

coat :
BEAUTY & YOUTH
(own item)
jacket :
THE SHINZONE
(own item)
t-shirt : Hanes
skirt : INES DE LA FRESSANGE (UNIQLO)
knit cap : TOPKAPI
bag : Legato Largo
(own item)
tights : 靴下屋 (own item)
slip-on : GEMMA LINN
(Daniella & GEMMA)

大人のリュック、上手に持てばモードな雰囲気が出るアイテムになります。イメージとしては、表参道が歩ける感じです。

まずカラーは黒が絶対です。ナイロン素材で、とにかく形やデザインがシンプルなものにしてください。

リュックは、アウトドア感の強いものよりも、写真のようなシンプルな山型のものが万能です。サイズはA4サイズが入るぐらいの、いわゆる定番のサイズが持ちやすいでしょう。ファスナーもゴールドのものだと、それだけで高級感が出ます。

リュックを持つときのコツは、コーデのどこかに黒を入れること。写真右のコーデは黒のワイドパンツ、左には黒のニット帽とシューズを合わせています。面積は小さくても大丈夫です。黒が入ると、コーディネートがハイセンスにまとまります。

もうひとつ、リュックはとてもカジュアルなので、必ずきれい目のアイテムと合わせましょう。写真のコーデではパンプスやトレンチコート、フレアスカートを合わせています。

マリンキャスケットは、ベレー帽に小さいツバがついている、マリンテイストの帽子のことです。これが秋冬に爽やかさを足し、バリエーションを増やしてくれます。

色は黒やグレーが万能です。素材はしっかりと固いフエルト素材がおすすめ。くたっとした素材だと安っぽく見えてしまうので注意してください。フエルト素材なら秋冬といわず、オールシーズン使えます。ツバは大きすぎない、5センチほどのものにしましょう。このくらいのものが顔を暗く見せません。高さがあるものにして、深くかぶるようにするのもおしゃれに見えるコツです。

ボタンや小さいワンポイントにゴールドがついているものがあったらラッキーです。高見えします。

かぶり方はツバをちょっとずらし、どちらかのサイドを少し上げてかぶりましょう。コンパクトにかぶると可愛いので、髪の毛の長い方は、すっきりと結びましょう。

コーデのおすすめは、これでマリンコーデをつくること。左ページでは、ブルーのカラーニットの下にストライプシャツを着て、ワイドパンツを合わせました。**青×ワイドパンツにマリンキャスケットを合わせると、簡単にマリンコーデになります。**

カラーも素材も重たいアイテムの多い秋冬こそ、マリンキャスケットが爽やかな抜け感を出すのに一役買ってくれます。

Column

マリンキャスケットは爽やか担当

cap : CA4LA (own item)

knit : N.
shirt : 無印良品 (own item)
pants : LEPSIM
cap : CA4LA (own item)
bag : LOUIS VUITTON (own item)
scarf : Rocco style.
watch : Three Four Time
pumps : PELLICO (own item)

［ かぶり方 ］

深めにかぶりましょう。左右どちらかに少し角度をつけます。

キャンバス素材のバッグ、声を大にしておすすめします！

トートバッグはもちろんですが、この素材の別のデザインバッグも、トートバッグのカジュアルさにはないきれい目な雰囲気が足され、持っておくといろいろなシーンで活躍してくれます。

特にいいのが、黒の持ち手がついたもの。持ち手が革だったり、さらに金具がゴールドならば言うことありません。もちろん、持ち手やどこかに様々な色があしらわれているものもいいでしょう。

キャンバス地はトートバッグで説明した通り、白の部分が抜け感を担当する素材。ですから、持つだけでコーデ全体を軽やかに見せてくれます。もし明るい色のバッグを差し色にしようとしても、全体が派手な色だとコーデによっては難しいもの。**その点、キャンバス素材のものにあしらいで何かカラーがあると、ちょうどよく差し色として機能しつつ、全体として派手になりすぎません。**

最近キャンバスバッグを探しているというお客様には、VIMPETSというブランドをよくおすすめしています。ここのバケツ型のキャンバスバッグは持ち手がレザーでカラーバリエーションもあるので、私もいくつか持っています。

Column

キャンバス素材のバッグを集めておく

bag : BEAUTY & YOUTH (own item)

Rule
#01

シンプルでデザインも飾りもない、普通の洋服を、様々な種類持つ

私は現在、雑誌やテレビなどのプロのスタイリストとして活動し、一般のお客様のライフ＆ファッションスタイリストとしても活動しています。

これまで、多くの方のクローゼットを拝見させてもらって思うのが、みなさん想像以上に「普通の服」を持っていない、ということです。どこかにリボンがついていたり、デザインが入った服を持っていたり……。そして、意外に「定番」と呼ばれる服を持っていません。デザインが入っている服同士は、コーディネートが難しく、組み合わせられる服も限られてしまいます。でも、シンプルな定番同士だと、大体のものが組み合わせられます。ぜひ、「普通の服」を持つようにしてください。

また、もうひとつ言えるのが、似たような服をたくさん持っている人が多いこと。

たとえば、フレアスカートはたくさんあるけれど、Iラインのスカートは持っていないという人や、揺れるタイプのイヤリングはたくさんあるけれど、大ぶりのものは持っていないという人は結構多いです。意識しないと、どうしても自分の好きなアイテムばかりそろってしまうものです。様々な種類のものを持っていると雰囲気は変わりますし、絶対に組み合わせのバリエーションは多くなります。

センスよりもまずはアイテム。幅広い組み合わせができるシンプルな形で、違った種類のものを持ちましょう。

Rule
#02

小物で変化をつける

「普通の服」でコーディネートがある程度できたら、「小物」で味つけしましょう。定番の洋服を、様々な小物で味つけするのが、簡単におしゃれになれる鉄則です。

小物とはアクセサリーやシューズ、バッグやストールなどのこと。これさえあれば、トップスとボトムのみのワンツーコーデも、センスのいいおしゃれコーデに格上げされます。もしピアスやネックレスなどのアクセサリーをつける習慣のない人は、ぜひつけてみてください。慣れてしまえば、つけないのが落ち着かなくなるはずですよ。特に秋冬は、シューズやバッグがコーデの良し悪しを決めると言っても過言ではありません！　小物を効かせれば、新しい洋服を買わなくてもコーディネートの幅をさらに広げることができます。

Rule
#03 カジュアルときれい目、女性らしいものと男性っぽいものをミックスする

ここまでに何度も出てきましたが、違ったテイストのものをミックスすることができれば、センスのいいコーディネートはすでにできたも同然です。洋服には、カジュアルなアイテムときれい目のアイテムがあります。カジュアルなアイテムは、男っぽいもの、きれい目なアイテムは女っぽいものと言い換えることもできますが、もしア

イテムがどんな性格を持っているかに迷ったら、「カジュアル」・「男っぽい」、「きれい目」・「女っぽい」の項目のどれかには当てはまると思うので、ぜひ考えてみてください。

そして、それをミックスさせましょう。カジュアルなデニムと、きれい目のパンプスを合わせる。男性らしいベイカーパンツと、女性らしいVネックニットを合わせる。

これだけで、「あの人、おしゃれ！」と思わせることができます。

Rule #04 おしゃれは礼儀

何より大切なのは、「おしゃれは礼儀」という考え方です。朝コーディネートを考えるとき、今日は誰に会うのか、どこへ行くのかに合わせて服を決めると、その場に合ったおしゃれができます。

たとえば、友だちの家に招かれたなら、動きやすいパンツで、帽子などがないコーディネートを、レストランでのお食事会ならば、華やかな服を。一緒に過ごす相手に喜んでもらえるようなファッションを心がけましょう。また、イベントごとは、自分もその場を満喫するという雰囲気が出ると、とてもいい時間が過ごせるはずです。

ストライプシャツ

ブルーのストライプシャツは、そのまま着るのはもちろん、羽織りとしても差し色としても大活躍。秋冬ならニットやプルオーバーの下にも着られます。上品で清潔感のあるアイテムです。

stripe shirt : 無印良品 (own item)

白シャツ

何の装飾もない、コットン素材のオーソドックスなシャツが、いちばん使えます。襟を立て、袖をまくって「着崩す」ことが大切です。

white shirt : Gap

Gジャン

ダウンコートなど、アウターの下に合わせても素敵。とにかく細身を選ぶというのがポイント。古着のように色が褪せたものがおすすめです。腰に巻いたり、バッグの中に入れて小道具として使っても素敵です。

jacket : THE SHINZONE (own item)

パーカー

パーカーはグレーにしましょう。大人の高級感を出すには、ファスナーの色がゴールドのものを選んでください。さらにフードが小さめでコンパクトだと、顔まわりに立体感が出て完璧です。

sweat-shirt : GU (own item)

1年中使える
定番アイテムはこの6つ

これさえ持っていれば秋冬はもちろん、
春夏もコーデに幅が出る、超定番アイテムを紹介します。

ボーイフレンドデニム

ゆるっとしたサイズ感のボーイフレンドデニムは、下にタイツなどを合わせて暖かくも着られます。ロールアップして足首を出して履くのがポイント。
blue pants : UNIQLO

ホワイトデニム

ホワイトデニムも、冬に欠かせない白を取り入れられるアイテム。秋冬にこそ履いてほしいアイテムです。使った人にしかわからないあか抜け感があります。厚さがあるものを選べば透けず、誰でもおしゃれに見せてくれます。
white pants : GU (own item)

ここでは、ショッピングモールに入っているおすすめ国内ブランドを4つご紹介します。流行を取り入れていて、価格も手ごろ、つくりもしっかりしている国内ブランドは、ショッピングが楽しくなります。ぜひ参考にしてください。

まず最初はKOE（コエ）。

ここは、トレンド感を上手に取り入れたアイテムが得意。

形自体はシンプルで、カラーや柄、形などちょっとしたディテールにモードなものが多く、コーディネートもとてもしやすいです。

ナチュラルほっこり系よりも、ピリッとしたスタイルが好みの方や、オフィス勤務の方はかなり使えるアイテムを購入することができるのではないでしょうか。

また、ピタッとしたデザインが少なく、着てみると動きやすいつくりのものが多いので、お子さんのいる方にもおすすめです。メンズやキッズも揃うので、ファミリーでお買い物に行っても楽しいですよ。

Column おすすめ国内ブランド #001

KOEはオフィスに使える

だから、デニムを始め、ダンガリーシャツやボーダーカットソーなど、カジュアルなアイテムがとても上手。**カットや形のディテールがどこか女っぽいので、品よく着ることができます。**ベーシックなのに、ちょっとセンスを感じさせるものを手に入れることができます。

また、アクセサリーもセンスがいいです。たとえば、上のファーつきのイヤリング。ファー小物はデザインに気をつけないと甘くなりすぎてしまうのですが、ここのものはどこかシャープなデザインになっているのでコーデの引き締め役にもってこいです。レザーやゴールドが多く使ってあるのも、得点が高いです。ベレー帽も、素材がいいので、ここで探してみるのもいいですね。

洋服もアクセサリーも充実しているので、この1店で全身をトータルで完成させられます。

Column おすすめ国内ブランド #002

AMERICAN HOLICは最先端のカジュアル

AMERICAN HOLIC（アメリカンホリック）は私のイチオシです。

アメリカンと入っているとおり、アメリカのカジュアルさとトレンド感がぎゅっとつまっているデザインが多いです。

APART BY LOWRYS（アパートバイローリーズ）は、モードなアイテムを手に入れたいときに行くといいでしょう。全体的に大人っぽく、形やデザインがシャープなアイテムが多いです。価格帯は、プチプラショップと大手セレクトショップの間くらいの、大人の女性にとって「ちょうどいい」価格です。だから、お客様をお連れすることも多いです。

この店でも小物から洋服まで満遍なく見ましょう。特に、カラーパンプスや使いやすいストールが充実しているので、私も必ずチェックしています。アクセサリーも豊富に揃っていますよ。

この店の特徴は、カラーバリエーションが多いところ。**冬は、カラーニットをぜひ見に行ってください。**発色がよく、上品な色の、まさに冬向けのカラーニットが選べます。コートも、まさにこの本でご紹介したようなデザインのものが、お手ごろな価格で買えます。

このブランドにお連れするお客様のタイプは、甘めなデザインが苦手という方です。コーデをちょっとピリッとさせたい方や、大人要素を足したいと思う方には、ぜひ行ってみてほしいショップです。

Column おすすめ国内ブランド #003

APART BY LOWRYS で モードなアイテムを手に入れる

PLST（プラステ）は、とにかく「きれい目」が得意です。

きれい目のコーディネートが好きな人が、毎日使っても飽きないアイテムを探しに行くならこちらです。オフィスで働く服もおすすめ。価格帯はプチプラブランドより高めですが、つくりがきちんとしたアイテムが程よい価格で手に入ります。

プラステはサイズ展開が豊富です。サイズが自分にきちんと合ったら、その服は特別な一着になりますので、ぜひ、お店で試着をして、自分にぴったりのサイズを見つけてみてください。特にパンツは、ラインが美しくきちんと見えるものが手に入ります。

また、機能性の高いアイテムも充実しています。「マシンウォッシャブル」と言われるニットが出ているのですが、これは洗濯機で洗ってもＯＫです。ニットはなかなか手洗いするのが大変ですよね。そんなとき洗濯機で洗えるのはすごくありがたいものです。お子さんがいらっしゃるママにもおすすめですよ。

アウターも上質です。ムートンコートも、素材がいいのに２万円台とお手ごろ価格です。メンズもビジネスで使えるものや、休日向きのものなど幅広く揃いますので、ご夫婦やカップルで訪れてみるのも楽しいです。

Column おすすめ国内ブランド #004

PLSTは「きれい目」デザインを買いたいときに

Chapter #02

秋冬を素敵に見せるコーディネートテクニック

冬は「白」ちりばめ大作戦

cardigan : LANDS' END
shirt : Gap (own item)
pants : Unaca (own item)
necklace : JUICY ROCK
bag : L.L.Bean
sneakers : LAKOLE

right bag : MAXIMA (UNIVERSAL LANGUAGE)
left bag : L.L.Bean
stole : AMERICAN HOLIC
sneakers : CONVERSE (own item)
black slip-on : GEMMA LINN (Daniella & GEMMA)
beret : H&M (own item)
socks : tutuanna
necklace : JUICY ROCK
pierce : Three Four Time
nail polish : own item
bag charm : Three Four Time
scarf : Rocco style.

これまで何度も出てきた、「白」の大切さ。秋冬のコーデには、白い小物を全身にちりばめると、途端におしゃれに見えます。

前作の春夏編では、「黒ちりばめ大作戦」をご紹介しました。黒い小物を散らすと、全体が引きしまるのですが、今回はこれの白版です。ポイントは白ひとつひとつの面積を小さくして、いろんな場所にちりばめること。こうすると重たくなりがちな秋冬のコーディネートに軽さが出て、「抜け感」が手に入ります。

すでにご紹介した、スニーカーのソールやキャンバストートの他に、上の写真のようなパールのネックレスやピアス、スカーフなどを使ってください。意外に効くのが白のネイルです。ぜひ、白い小さな小物を集めてみましょう。

Autumn & Winter

「ズラシャス」をマスターしよう

jacket : THE SHINZONE (own item)
knit : la SPLENDINA
(UNIVERSAL LANGUAGE)
pants : GU (own item)
pierce : JUICY ROCK
bangle : JUICY ROCK
scarf : Rocco style.
scarf ring : JUICY ROCK
bag : ZARA (own item)
pumps : UNITED ARROWS (own item)

cardigan : Mystrada
t-shirt : Gap (own item)
skirt : ZARA (own item)
bag : BEAUTY & YOUTH (own item)
earrings : Lattice
bangle : BEAMS (own item)
tights : tutuanna
pumps : 銀座かねまつ

「ズラシャス」って唐突に何だろうと思った方もいらっしゃるかと思いますが、これは「ちょっと色をズラす」というテクニックのことです。私がファッションアドバイスをしている方々の間でも、やりやすいのか、「あ、今日ズラシャスだね！」なんて、お互い言い合っています。

具体的には、似ている色をコーデの中に使うということ。たとえば、写真のようなボルドーと赤や、紺色と緑色など、色が少しずれているものを使います。こうするとコーディネート全体に統一感が生まれるのです。2色以上あるといいでしょう。

いちばん簡単なのは、トップスと靴をズラシャスすることです。全身から見て遠い位置同士の色をずらしましょう。初心者の方はアイテムをふたつまでにしておくとやりやすいでしょう。片方を面積の小さい小物で取り入れると間違いありません。

慣れてきたら、3点以上のズラシャスにも挑戦してみてください。写真左のように、ブルーの入ったスカーフに、水色のGジャンを手持ちにして、グリーンのパンプスという組み合わせも素敵です。

Autumn & Winter

大人は「茶色」を制する

coat : Mystrada
knit : DRESSLAVE
(own item)
skirt : INES DE LA FRESSANGE
(UNIQLO)
bag : own item
stole : UNIVERSAL LANGUAGE
tights : tutuanna
boots : Binoche
(CARNET)

vest : GU
t-shirt : Gap
skirt : WHITE
(WHITE THE SUIT COMPANY)
bag : ZARA (own item)
bangle : BEAMS
(own item)
necklace : GU (own item)
tights : tutuanna
pumps : PELLICO
(own item)

coat : own item
knit : DRESSLAVE (own item)
pants : LEPSIM
necklace : AMERICAN HOLIC
bag : own item
glasses : Lattice
scarf : Rocco style.
pierce : JUICY ROCK
sneakers : Orobianco

「茶色」は、柔らかく、上品な明るい色です。黒は強い色なので、歳を重ねると広い面積だと負けてしまうこともあります。大人は茶色を得意な色にしておくと、とても便利です。「茶色」はぜひマスターしておきましょう。

まず鉄則は、茶色を着たときはゴールドのアクセサリーを合わせるということ。茶色を上手に着るポイントは、「土っぽい」印象を消すことです。ゴールドが合わさると、茶色と同系色なので、茶色の土っぽい印象を格上げして見せてくれます。茶色と合わせると、ゴールドが引き立ちより上品さが増す組み合わせでもあります。これに、きちんとメイクをすれば完璧です。チークやリップをしっかり入れて、きちんと感を出すことも、土っぽさを軽減してくれます。

また、ゴールドの他にも、イエローやベージュなど、同系色と合わせるのもいいでしょう。簡単に柔らかい雰囲気をつくってくれます。茶色のニットもとてもおすすめです。写真のような柔らかなモヘア素材は、上品な女っぽさが出てきます。また、右の写真のような茶色のダウンベストもおすすめです。人とかぶることが少ないですし、茶色のダウンベストはあか抜けて見えます。

Autumn & Winter

冬はコートの丈が重要な役割を持っている

blouson : UNIQLO
knit : FREDY (own item)
skirt : GOUT COMMUN
bag : FOREVER 21 (own item)
necklace : AMERICAN HOLIC
bangle : JUICY ROCK
tights : tutuanna
boots : DIANA

coat : PLST (own item)
knit : FREDY (own item)
skirt : GOUT COMMUN
bag : FOREVER 21 (own item)
necklace : AMERICAN HOLIC
bangle : JUICY ROCK
tights : tutuanna
boots : DIANA

何度かお話ししましたが、冬の洋服の印象は、アウターの印象になります。つまり、いつも同じアウターだと同じ服を着ているように見えてしまいます。みなさん、意外に持っているアウターが似ていることが多いと言いましたが、まずは、ショート丈とロング丈の両方のアウターを持ちましょう。

写真は中のコーデと小物はすべて一緒です。しかし、アウターでこんなに変化が出ます。逆を言えば、同じトップスとボトムの組み合わせでも、アウターを変えるだけで全く違う印象をつくれます。特に、カラーアウターをぜひ使ってみてください。これでコーデの幅が格段に増えますよ。

アウターありきのコーデでいちばんものを言うのが、バッグです。これが変わるだけで印象がかなり違いますので、ぜひバッグを変えてみてください。バッグインバッグを使い、一度習慣にしてしまうと、そんなに負担ではなくなりますよ。バッグひとつで、思っているよりもずっと印象がおしゃれに変わりますので、ぜひやってみてください。

ボーダーニットは「引き締め」のためのアイテム

knit : AMERICAN HOLIC
shirt : AMERICAN HOLIC
skirt : destyle (THE SUIT COMPANY)
bag : WHITE (WHITE THE SUIT COMPANY)
necklace : GU (own item)
tights : tutuanna
pumps : PLST (own item)

白×黒の定番ボーダーニットは、ないことが考えられないアイテムです。使いやすいのはもちろんですが、コーデをピリッとさせてくれるからです。カジュアルなアイテムなので、女性らしいコーデを引き締めてくれるアイテムとして使いましょう。ボーダーには、様々なものがありますが、いちばん使いやすいのは、やはり白×黒。それ以外には、白×グレー、白×ネイビーなどの、白をベースにしたものが使いやすいです。

ボーダーニットを選ぶときは、ボートネックやVネックなど、鎖骨や肩が見えるものにすること。ボーダーは、一見男っぽいアイテムなので、思い切って、女性らしい部分が見えるくらいにするとちょうどよく大人シャープな印象がつくれます。胸ぐらいからボーダーが始まるものであればさらにスッキリして見えます。

たとえば女っぽいIラインスカートに合わせると、ハンサムに引き締まります。写真のような白×黒のボーダーニットに、赤のIラインスカートを合わせ、さりげなくタイツをネイビーにすれば、白、赤、青が入ったシックなトリコロールコーデが完成します。冬のトリコロールコーデはとても可愛いですよ。さらにインに赤のチェックシャツを入れるとアクセントになります。

柄はまとまって見えるとセンスよく見える

knit : AMERICAN HOLIC
skirt : WHITE (WHITE THE SUIT COMPANY)
belt : GU (own item)
pierce : Lattice
bangle : JUICY ROCK
bag : ZARA (own item)
tights : tutuanna
pumps : 銀座かねまつ

knit : AMERICAN HOLIC
stole : own item
bag : FOREVER21 (own item)
pants : UNIQLO
glasses : GU
bangle : JUICY ROCK
pumps : FABIO RUSCONI (Jines)

柄に柄を合わせるコーデはとても難しく、失敗しがちです。だから、ひとつのコーデに柄はひとつまで、と思っている人もいるのではないでしょうか。

しかし、柄×柄をもしセンスよく着ることができれば、難易度が高い分、とてもハイセンスに見えます。そして、ルールを知っていれば実はとても簡単です。

柄×柄のポイントはふたつ。まずは、柄物のどちらかの面積を小さくすることです。たとえばチェックストールとボーダーニットを合わせるときは、ストールをぐるぐる巻きにしてチェックの面積を小さくします。こうすれば柄同士がケンカすることなくまとまります。

ふたつ目は、柄同士の色をリンクさせることです。たとえば写真左では、白×黒のボーダーに白と黒が入った花柄のスカートを合わせています。このように、合わせるアイテムに白か黒が入っているものを選べばOKです。そうすると、全体に統一感が生まれて柄同士もくどい印象にはなりません。

どちらのテクニックも、他をベーシックなカラーにしてシンプルにまとめるということが大切。そうすることで、柄×柄が引き立って、洗練された印象になります。

Autumn & Winter

パステルピンクのニットとグレーアイテムは最強にモテる

coat : UNIQLO
knit : FREDY (own item)
skirt : WHITE
(WHITE THE SUIT COMPANY)
bag : MAXIMA
(UNIVERSAL LANGUAGE)
earrings : AMERICAN HOLIC
tights : tutuanna
boots : DIANA

jacket : THE SHINZONE (own item)
knit : FREDY (own item)
pants : BEAUTY & YOUTH (own item)
stole : own item
bag : LANDS' END
bag charm : Three Four Time
bangle : JUICY ROCK
sneakers : CONVERSE (own item)

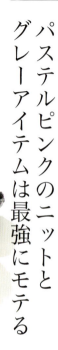

大人になればなるほどピンクと縁遠くなるものですが、実はパステルピンクこそ冬に着ていただきたいカラーです。それはパステルピンクが顔色をよく、そして全体の印象を優しげに見せてくれるから。しかもトップスで取り入れていただきたいのです。肌が明るくみずみずしく見えます。男性ウケもすごくいいので、今日はモテたい、という日にはこのピンクを、ハイゲージニットで着ることを心からおすすめします。

これにグレーという、これまた最強のカラーを掛け合わせると知的な雰囲気が生まれます。ピンクとグレーはもともと最高に可愛い組み合わせですが、冬のハイゲージニットという素材が、大人の女性が着るピンクを美しく見せます。写真のようなワイドパンツやチェスターコートなど、マニッシュなアイテムと合わせると上品なテイストミックスになります。

ここでいきなりオフショルダーのニットなどにしないようにしましょう。品のよいハイゲージニットがいちばんです。ピタッとしているものよりゆるっとしているものの方が、ハイゲージの落ち感があって体を華奢に見せてくれます。さらにVネックなら完璧です。歳を重ねるとデコルテのお肉が落ちてくるので、実は若いときよりも鎖骨がきれいです。ぜひ大人ゆえの肌見せを楽しんでください。

ニットの代わりにロゴスエットを入れるとおしゃれな人

right sweat-shirt : UNIQLO
left sweat-shirt : DISPARK

sweat-shirt : DISPARK
shirt : 無印良品 (own item)
pants : GOUT COMMUN
pierce : JUICY ROCK
bangle : JUICY ROCK
bag : own item
scarf : Rocco style.
tights : tutuanna
pumps : FABIO RUSCONI (Jines)

ロゴスエットって、おしゃれに着るのがとても難しいですよね。カジュアル好きな人から、パーソナルスタイリングの現場でよくリクエストされるのが、ロゴスエットの上手なコーディネートの仕方です。

まず、ロゴスエットは選ぶときが勝負です。全体のサイズ感をちょっと小さいかなと思うぐらいコンパクトなものにすると、スタイリッシュに着こなせます。そして、「ちょっと古着っぽいもの」がいいでしょう。また、なるべく多色使いしていないものにすると失敗がありません。

コーデのコツはひとつ。いつもならニットを合わせるコーデに、あえてロゴスエットを合わせること。カジュアルアイテムなので、いちばんいいのは、きれい目、あるいは女性っぽいアイテムと掛け合わせることです。写真のように、ヒールパンプスなどの女らしさ担当アイテムと掛け合わせればギャップが生まれ、スエットがあか抜けます。

デニムやベイカーパンツなど、カジュアルなボトムと合わせたい場合は、アクセサリーをパールにし、きれい目のバッグなどで女らしい要素を足すとセンスのいいコーデになります。

Autumn & Winter

大人のカジュアルデビューには まず白いスニーカーを履く

jacket : THE SHINZONE (own item)
knit : DRESSLAVE (own item)
skirt : GOUT COMMUN
knit cap : GU (own item)
bag : L.L.Bean
necklace : own item
bangle : JUICY ROCK
socks : tutuanna
sneakers : CONVERSE (own item)

\NG/

スニーカーに
ストッキングは厳禁！
絶対にやめましょう！

「カジュアルな服を着たいんですけど……」これ、実はいちばんよく言われる質問です。特に、きれい目なコーデをずっとしてきた方から言われることが多いです。

大人のセンスいいカジュアルコーデのためには、まずは何はなくとも、白いスニーカーです。いちばんいいのは、コンバースのオールスター。このスニーカーは、きれい目な服もカジュアルすぎず、上品にまとめてくれるからです。さらにフレアスカートやワイドパンツとも、とても相性がいいです。これらのボトムは脚のラインが出ないので、ヒールがなくて不安という方も安心して履けます。

これにソックスを履きましょう。白スニーカーにソックスを履き、きれい目なフレアスカートにするだけで、簡単にセンスのいいカジュアル服が完成します。ソックスは、グレーや白、黒などのベーシックカラーにすると失敗しません。

たまに、街でスニーカーにストッキングを合わせている人を見かけるのですが、違和感が出てしまいます。スニーカーには絶対にソックスかタイツです。タイツの色は180ページを参考に、こちらもベーシックカラーなら失敗しません。スニーカーとソックスをうまく使えるようになれば、大人カジュアルデビューは完璧。どんどんコーディネートが楽しくなっていくはずです。

真冬に大人っぽくスッキリ見せるコツは薄いものを3枚以上

重ね着の鉄則は、「たくさん重ねればおしゃれに見える」です。でも、冬の重ね着は失敗すると、着膨れして途端にほっこりした印象になってしまうのも事実。重ね着をしてもシャープでスタイリッシュにするにはどうしたらいいでしょうか。

重ね着は、3枚以上重ねるとおしゃれに見えます。そして、ほっこりしないためには、「薄いものを重ねる」が鉄則。寒いかもと思われるかもしれませんが、3枚以上重ねれば、しっかり防寒もできます。

たとえば、ヒートテックの上にシャツを着て、その上からタートルネックニットのように薄いものを重ねましょう。ニットの襟ぐりから、シャツの襟を出し首を見せるとスッキリし、また色も散らばって見えます。さらに重ねたいなら、Gジャンやライダースジャケットもいいでしょう。その上からアウターを着ればOKです。真冬ならば、ヒートテックを2枚着るのもありです。

ボトムを重ねたいなら、パンツやスカートの中にタイツを履きます。その上に靴下やロングブーツを重ねましょう。トップスに多く重ねた場合は、ボトムを軽めに、ボトムにボリュームが出たら、トップスの重ね着は軽く見せるのがコツです。

ボルドー、マスタードイエロー、カーキの小物や服を集めておく

bordeaux t-shirt : Gap (own item)
bordeaux logo t-shirt : GU
yellow blouse : UNIQLO (own item)
khaki blouse : BUONA GIORNATA
skirt : earth music&ecology Natural Label
bordeaux bag : POPCORN (Jines)
scarf : own item
khaki bag : CHRISTIAN VILLA (own item)
yellow shoes : GEMMA LINN
(Daniella & GEMMA)
camo shoes : DIANA
pumps : ORiental TRaffic

tassel earrings : GU
ribbon pierce : Three Four Time
green & black earrings : JUICY ROCK
red plate earrings : Lattice
black & green & orange pierce : GU

夏から秋へ季節が移り変わる時期は、おしゃれが最高に楽しい時期。この時期は、少ししかありません。限られたこの季節を、いつも私は楽しみにしています。でも、暑さが行きつ戻りつして、気温に合わせたコーデをするのが難しいところです。

まだ残暑の厳しい9月は、夏の素材はそのままで、色から一足先に秋にしていきましょう。マスタードイエロー、ボルドー、カーキなど、この3色を足すだけで、もうそれは秋の装いです。これらの色を、セールなども利用しつつ賢く集めておくことをおすすめします。

カラーが秋冬であれば、アイテムはシューズや、Tシャツ、アクセサリーなど何でもOK。もちろん高価なものである必要もありません。ユニクロやGUは、トレンドアイテムの展開が早いので、8月には秋っぽいものが店頭に並び出します。プチプラこそ、季節の入り口。毎年使えるものなので、持っておくと意外に重宝します。上手に使って季節感を先取りしていきましょう。

私は『24時間テレビ』が終わったら、秋が来たなと思い、この頃から着始めます。大体9月10日くらいを目安に、ビニールバッグやストローハットなどの夏の素材は使わないようにしましょう。

ソックスはパンツなら何を合わせてもいい

jacket : GOUT COMMUN
knit : AMERICAN HOLIC
pants : UNIQLO
beret : TOPKAPI
bag : L.L.Bean (own item)
socks : tutuanna
pumps : 銀座かねまつ

jacket : THE SHINZONE (own item)
knit : GU
pants : LEPSIM
necklace : JUICY ROCK
bag : POPCORN (Jines)
socks : tutuanna
pumps : PLST (own item)

socks : tutuanna

ハードルが高いもののように思われているソックス。学生の頃はあんなに履いていたのに、すっかり履かなくなってしまったという人も多いかもしれません。でも、ソックスは、選ぶときにさえ間違わなければ、どなたでも履きこなせます。

まず、いちばん簡単なのは、パンツに合わせることです。この場合、ソックスは柄や色があるものにしましょう。丈感やバランスを考えなくていいからです。歩いたときにチラッと見えて、大人の遊び心を感じさせます。ボルドーやモスグリーンの秋冬カラー、ラメやノルディック柄など好きなものを選びましょう。

スカートにソックスを履きたい場合は、ヒールにすればまずおかしなことにはなりません。絶対に失敗がないのは、パンプスをベーシックカラーにして、それと同じ色味にすること。子供っぽくなりません。その場合のソックスは、くるぶしよりも3〜5センチ上の丈のものがおしゃれなバランスになります。失敗知らずと言えば、ぜひ持っておいていただきたいのがリブで、ラインが横に入っているもの。これは、ワンポイントにもなるし、見るからに育ちのよさそうな、グッドガールの雰囲気が手に入ります。また、真っ白なソックスにTストラップパンプスを合わせれば、まるでロンドンです。

タイツのデニールは季節とともに40から80にあげていく

40

60

80

秋冬の必需品と言えばタイツです。足は目立つので、タイツのルールを知っておくことも、おしゃれにとって大切です。

まず、タイツはデニールを3段階分持っておきます。透け感のある20～40デニール、やや厚い60デニール、もっと厚い80デニール以上（ニットタイツももちろんＯＫ）。寒くなるごとにタイツのデニールをあげていく、と覚えておきましょう。タイツは「厚さ」を変えていくのが、女性らしさと寒々しさのバランスをとるのにとても重要です。

まずタイツを履き始めるのは、その年や地域にもよりますが、10月初めくらいの寒くなってくる頃からでしょうか。最初は、まず20～40デニールのタイツです。透け感のあるものは、女性らしい足元をつくり、またツヤもあるので足を細く見せます。ただし、20デニールのものだけは黒は禁止。セクシーになりすぎてしまいます。

11月になったら60デニール、12月から寒い2月までは80デニール以上のタイツを履いてください。ここで薄いと逆に寒々しく見えて違和感を与えます。3月になったら、透け感のある40デニールを再度登場させましょう。基本的には無地で、チャコールグレーや、黒に近いモカ、ネイビーが失敗しません。色がついているものは、ボルドーのタイツだけなら大丈夫。差し色として使ってください。

Autumn & Winter

ウルトラライトダウンはアウターと色を合わせる

coat : PLST (own item)
jacket : UNIQLO

ウルトラライトダウンは、寒いときの救世主。極薄のダウンジャケットなので、スタイリッシュに厚着ができる、まさに神アイテムです。

ウルトラライトダウンは、アウターのライナーのように使いましょう。だから、アウターと同じ色にします。こうすると、チラっと見えてもそれとはわかりません。ウルトラライトダウンは、胸元をV字に開けることができます。

coat : UNIQLO
vest : UNIQLO

だから、どんな形のコートも見えることはありません。ベージュならトレンチコートの下にも着られます。

繰り返しますが、冬はアウターが命。寒さが本格的になってきたらダウンしか着ない、なんていうのはすごくもったいないことです。ぜひ中にウルトラライトダウンを仕込んで、いろいろなアウターを楽しんでください。ヒートテックと同じくらい必需品なのが、このウルトラライトダウンです。

ダッフルは真っ白なものにする

coat : LONDON TRADITION (own item)

coat : LONDON TRADITION
(own item)
knit : destyle
(THE SUIT COMPANY)
skirt : WHITE
(WHITE THE SUIT COMPANY)
bag : N.
necklace : JUICY ROCK
boots : WASHINGTON

大人のダッフルコート、実はおすすめです。学生のイメージが強いアイテムですが、ダッフルからは大人の可愛らしさ、優しさが漂います。持っていると、コートのバリエーションが広げられるので、購入するコートに迷っている方にはおすすめです。

まず、色は白がおすすめ。ダッフルの白は意外感があって、着ると子供っぽく見えません。グレーもOKです。

できれば、丈は膝下まである長めのものが大人っぽいです。ボタンを引っ掛ける部分が、黒いレザーのものにすると甘くなりません。

ボタン自体は木でできているものよりも動物のツノのような素材の方が、高級感がありシャープに見えます。ダッフルは、ディテールが甘くなりすぎないものだけを選ぶことを心がけましょう。

女らしいふわっとした優しい雰囲気を出したいときや、家族の安心感などを出すのは、このダッフルコートがダントツです。また、白が抜けも出してくれます。スカートでもパンツでも、可愛らしく優しくまとめてくれるので、全身甘い服にするのだけはやめましょう。どこかにきれい目のものを入れるのがポイントです。

極寒コーデは、1カ所キュッとしたところを入れる①
初詣

coat : ZARA (own item)
knit : Uniqlo U (UNIQLO)
shirt : Gap (own item)
pants : GU (own item)
stole : UNIVERSAL LANGUAGE
gloves : TOPKAPI
bag : LANDS' END
socks : tutuanna
boots : UGG (own item)

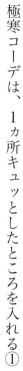

すごく寒い日、でもおしゃれにも見せたいですよね。ここからは、本当に寒い日用の最強コーディネートをお伝えします。極寒コーデのコツは、「どこかにキュッとしたところを入れる」という点。これさえ守れば特別なアイテムは必要ありません。

まずは初詣のコーディネートです。深夜の初詣、本当に寒いですよね。極寒コーデで使えるアイテムのひとつが、写真のようなホワイトデニム。白の抜けは膨らみがちな極寒コーデにとってとても重要です。ボーイフレンドより細身なガールフレンドサイズを選びましょう。これがコーデをキュッと見せてくれるポイントになります。

また、ダンガリーシャツも使えます。ワンツーコーデになってしまいそうなところに、色を足してくれ、しかも1枚着こめて暖かいです。これにニットを着て、ダウンコートにストールを巻き、首の隙間から風を入れないようにしましょう。参詣までしんしんと冷える夜空の下、待たされる可能性がありますから、インナーにヒートテックを着て、ボトムの下にタイツを履くのも忘れずに。足元はショート丈のムートンブーツにしましょう。グレーならほっこりしすぎず大人っぽくなります。ソックスを重ねてしまえば、足元の冷え対策もばっちりです。ストールとブーツの色をリンクさせると統一感が生まれます。手袋のボルドーで差し色をして完成です。

Autumn & Winter

極寒コーデは、1ヵ所キュッとしたところを入れる②
街でショッピング

中に着ているものはコレ

gray & black innerwear : UNIQLO
color innerwear : own item

coat : own item
knit : FREDY (own item)
skirt : INES DE LA FRESSANGE (UNIQLO)
gloves : TOPKAPI
stole : AMERICAN HOLIC
bag : Rocco style.
bag charm : TOPKAPI
tights : tutuanna
socks : tutuanna
boots : DIANA

次の極寒コーデは、友だちとの街での待ち合わせ。寒さをカバーしつつも、あか抜けたおしゃれをしたいですよね。そんなときこそ、カラーアウターの出番。色のついたチェスターコートは人とかぶりませんし、「寒いのに、本当におしゃれだな」と思われることうけあいです。

冬のあか抜けコーデは、色の力を借りましょう。だから、トップスもカラーのニットがおすすめです。カラーアウターは、ちょっとグレーがかった色を選ぶと言いましたが、この中間色の色は、どんな色とも合います。このカラーアウター×カラーニットの組み合わせはダークカラーにまとまってしまいがちな冬に、華を添えてくれます。女性らしいひらりんミドル丈スカートで、さらにエレガントに仕上げましょう。

外に出る日は、トップスよりも足元に防寒対策をした方が暖かいです。デニール数の多い厚い黒タイツで、足の細さを出しましょう。ここがキュッとさせるポイント。ここにソックスを重ねて暖かくします。ソックスの色は、ブーツの色味と似ているものを合わせてチラッと見せると、違和感が出ません。写真はグレーのソックスを黒のシューズに合わせています。最後に、いつものバッグに、季節感たっぷりのファーチャームをつけると特別感が生まれます。

極寒コーデは、1ヵ所キュッとしたところを入れる③ 家族で外にお出かけ

coat : LONDON TRADITION (own item)
knit : GU
shirt : AMERICAN HOLIC
pants : UNIQLO
knit cap : TOPKAPI
bag : Legato Largo (own item)
boots : WASHINGTON

3つ目の極寒コーデは、週末に家族でお出かけのときです。お子さんを連れて行かれる方もいらっしゃるでしょうから、よく動けるスタイルをご紹介します。

まずアウターは、ホワイトのダッフルコートにしましょう。見るからに暖かく、優しさを感じさせるダッフルコートは、ママにもおすすめです。ニットの中にシャツを着てもいいですが、こういうアクティブさを出したい場面には、逆にニットの上にチェックのシャツを着ましょう。差し色になります。これは全体の色味が単調になってしまいそうなときに使えるテクニックですよ。

ボトムも、動き回れるデニムにしましょう。中にタイツを履くと暖かいです。ここでキュッとさせるポイントとして、ロングブーツを合わせます。足がほっそり見えますよ。

黒のタートルが首元に見えるので、ニット帽はグレーにしましょう。黒が顔まわりに集まってしまうと、きつい印象に見えます。

ファミリーシーンでは両手が空いている方が何かと便利。バッグはぜひリュックにしてください。前にも紹介した黒のシンプルなものは、締めカラーにもなりますし、モードに大人っぽく持つことができます。

極寒コーデは、1ヵ所キュッとしたところを入れる④
超極寒の日の防寒コーデ

coat : PLST (own item)
knit : COMME CA ISM
shirt : 無印良品 (own item)
pants : GOUT COMMUN
stole : own item
knit cap : TOPKAPI
bag : L.L.Bean
gloves : TOPKAPI
socks : tutuanna
sneakers : Orobianco

最後は、もうどうにもならないくらい超極寒の日のコーデです。また、毎年冬を乗り切るのが大変な寒がりさんにもおすすめです。

本当に寒い超極寒コーデのポイントは、隠れない部分にカラーを見せること。写真のコーデだと、チェックストールのボルドー、手袋、ソックスです。これらの色が共通しているので、まとまって見えます。また、白も大切な役割を果たします。この場合のシャープなポイントは白のスニーカーと、キャンバス地のトートバッグ。どうにも寒い日は、この白の抜け感が、キュッとしたポイントになります。

アウターはもちろんダウンコートにして、上からストールをぐるぐる巻きます。トップスはゆるめのVネックニットにして、中にいっぱい着込めるようにしましょう。インナーにはヒートテックを2枚と、ブルーのストライプシャツを仕込みます。シャツはニットの袖や裾からチラ見せさせましょう。こうすれば厚着をしていてもすっきり見えます。さらにボトムを地厚のワイドパンツにし、下にニットタイツやヒートテックタイツを履きます。これに、チラ見えしても可愛いボルドーのソックスを合わせます。このソックスを2枚重ねてもいいですね。合わせたスニーカーがキャンバス地だと薄くて冷えますから、レザーにするといいでしょう。

Autumn & Winter

真冬は足首を出さなくていい

jacket : SLOBE IENA (own item)
knit : destyle (THE SUIT COMPANY)
necklace : JUICY ROCK
vest : GRACE CONTINENTAL (own item)
pants : LEPSIM
bag : LOUIS VUITTON (own item)
socks : tutuanna
shoes : GU

coat : ZARA (own item)
knit : N.
skirt : GOUT COMMUN
bag : GOUT COMMUN
tights : tutuanna
pumps : SLOBE IENA (own item)

coat : UNIQLO
knit : Uniqlo U (UNIQLO)
shirt : AMERICAN HOLIC
pants : UNIQLO
bag : WHITE (WHITE THE SUIT COMPANY)
stole : AMERICAN HOLIC
glasses : Lattice
tights : tutuanna
pumps : PELLICO (own item)

冒頭でもお話しした、おしゃれの超基本、「3首見せ」。そもそもこれは、身体の中でいちばん細い部分を見せることで、スタイルよく細く見えるということでした。ここを見せるとそれだけでおしゃれに見えるので、ぜひルールとして覚えておきましょう。でも冬は難しいですよね。室内だったら首と手首は問題ないと思います。手首を見せるために、ちょっと腕をまくり上げたりを忘れないようにしましょう。問題は足首。これはなかなか冬は無理だと思います。ですから、冬は足首を出さなくてかまいません！　その代わりタイツやソックスを見せて、足首の細さを強調しましょう。

まずボトムがスカートの場合は、シンプルにタイツを履くだけでＯＫ。発熱加工がしてあるような、防寒性の高いタイツなどをどんどん利用しましょう。

そして、パンツの場合は、必ずボトムと違う色のソックスやタイツを合わせましょう。これで、細さが強調できます。デニムなどロールアップができるパンツの場合、色や柄のあるソックスはもちろん、カラータイツを合わせて見せるのも素敵です。ボルドーのタイツなら上品さもプラスできます。しっかり色が見えるように、甲が見えるヒールを合わせられれば完璧です。すごく寒い日や、ワイドパンツなど、ロールアップができないときは、ぜひ白を。足元に軽さが出て、すっきりしますよ。

頭を小さく見せたいから、ダウンコートにはニット帽

coat : ZARA (own item)
cardigan : LANDS' END
blouse : N.
pants : Rocco style.
bag : LOUIS VUITTON (own item)
knit cap : TOPKAPI
socks : tutuanna
boots : WASHINGTON

ダウンコートをおしゃれに着るポイントはひとつ。「ボリュームを大きく見せない」です。

前作では「コーデに困ったらハットをかぶるといい」とお話ししましたが、ダウンコートを着たときだけは別です。ハットは上に目線を上げる効果があるので、何でもスタイルよく見せてくれるのですが、ボリュームも出ます。ダウンのようなボリュームがあるアウターに合わせると、全体的に丸くずっしりした印象にしてしまうのです。

ですからダウンコートのときはニット帽がベスト。頭をコンパクトに見せましょう。ベレー帽も頭がキュッとするのでOKですよ。

繰り返しますが、ハットは絶対にNGです！　冬にハットをかぶりたい場合は、チェスターコートがおすすめです。縦のラインが強調されるからです。

同様に、ダウンにストールを巻きたいときも、ボリュームが出るので巻くときは注意が必要です。極寒のとき以外は、ぐるぐる巻きではなく、縦に垂らしてストンと使ってください。

ダウンコートに合わせるいちばんのおすすめは、ベイカーパンツです。カーキがシャープさを加えてくれるので、あか抜けて見えます。

Autumn & Winter

一連パールはカジュアルに使う

jacket : THE SHINZONE (own item)
t-shirt : Gap (own item)
pants : GU (own item)
necklace : JUICY ROCK
bag : ZARA (own item)
pumps : SLOBE IENA (own item)

一連パールのネックレスは、冠婚葬祭などきちんとしたときのジュエリーというイメージがありますが、実はカジュアルスタイルでこそ使ってほしいアイテムです。フォーマルなイメージがあるものだからこそ、あえてGジャンやTシャツなどのカジュアルなものと合わせると、テイストミックスされて、それだけで可愛くなります。

いつものネックレスを、パールネックレスにするだけで、一歩先を行くおしゃれな印象になります。アパレルショップの店員さんのような、ファッション感度の高い人に見えますよ。

ネックレスの長さは40センチほどの長さのものが使えます。粒のサイズは大きすぎもせず、小さすぎもしない5~7ミリがいちばん便利。本物でなくフェイクでもかまいません。コットンパールではなく、ツヤのあるものを選びましょう。

パールのコーディネートは、ホワイトデニムを合わせるのもおすすめ。カジュアルとミックスできるし、色もリンクして素敵です。写真のように女らしいボルドーのTシャツは、カジュアルながら女っぽさもあるので、パールと他のカジュアルアイテムとの橋渡しにもなってくれます。服が全体的にカジュアルなので、小物はきれい目のレオパード柄やヒールを合わせています。

レオパード柄を見つけたら買ってしまうこと

black bag : DIANA
belt : UNIVERSAL LANGUAGE
bangle : own item
clutch bag : ZARA (own item)
pumps : DIANA

冬は使える色や柄が極端に少なくなります。春夏はカラフルな色や花柄などが出回って華やかですが、冬に使える柄はチェックやボーダーくらいのものでしょうか。そんな、冬に持てる柄モノが限られてしまう中、レオパード柄は貴重な戦力です。

レオパード柄は派手柄の代表のように思われているのですが、実は茶色と黒とベージュという大人カラー3色で構成されています。特にハラコ素材のものは高級感が出ますので、もしレオパード柄×ハラコの小物と出会ったらすぐに買ってしまいましょう。意外にハラコのレオパード柄は少ないです。特にバッグとシューズを持っていると重宝します。1点入れるだけでコーデがピリッとするし、ぐっと女っぽさが増します。

レオパード柄にもいろいろな種類がありますが、明るいベージュベースのものがおすすめです。コーディネートは、レオパード柄に使われている3色の色を使ってつくるのが簡単です。茶、黒、ベージュのどれかと服の色を一緒にしてみましょう。どれもベーシックカラーなのですごく簡単にまとまります。注意点はひとつだけ。ダルメシアンやパイソン柄など、他のアニマル柄と組み合わせるのはやめましょう。アニマル柄はコーデに1点だけ。これが鉄則です。

ダウンベストはIラインスカートに、ファーベストはTシャツに合わせる

vest : GRACE CONTINENTAL (own item)
t-shirt : Gap
pants : UNIQLO
bag : Lilas Campbell
glasses : Lattice
bangle : JUICY ROCK
pumps : ORiental TRaffic

vest : GU
knit : FREDY (own item)
skirt : ZARA (own item)
bag : L.L.Bean
sunglasses : GU
bangle : JUICY ROCK
tights : tutuanna
sneakers : CONVERSE (own item)

「どうやっていいかわからない」との声をよく聞くベストですが、暖かいし可愛いしで便利なアイテムです。ダウンベストとファーベストともに使えますよ。

ダウンベストは、アクティブさの中に女らしさが見えるのが魅力です。だから、秋の散歩や紅葉デートにぴったりです。ママにもおすすめ。ダウンコートとは違って袖がない分動きやすく、中にフードつきのプルオーバーやパーカーなどを合わせれば、それだけでおしゃれです。写真のコーデは、革のIラインスカートと合わせて、カジュアルときれい目をミックスさせていますが、下にスエットのロングスカートなども合います。その場合は、靴やバッグなどできれい目のアイテムを足してください。

選ぶポイントはツヤのないもの。ツヤは下手をすると安っぽく見えます。そして、小さめで、厚みがあるものが可愛いです。色は黒ではなく、ブラウンやグレーが、大人の余裕感を生み出し、カジュアルすぎない、柔らかい雰囲気を出します。

ファーベストは、特に難しいのではとよく言われますが、秋にロングTシャツと合わせれば、代官山の雰囲気になります。冬ならばアウターの下、春先はトレンチの下に入れると暖かいですし、アウターを脱いだときに「やるな」と思われることうけあい。黒やカラーがミックスされたものよりも茶やカーキ、グレーが使いやすいです。

ストールは、小道具としても使える

ストールは、防寒からも、おしゃれの面からも手放せないアイテムです。このストールの使い方は巻くだけではありません。実は、コーディネートに華を添える強力な小道具にもなります。

使い方は簡単、バッグの上にチェックストールをふたをするようにのせるだけ。あるいは、クラッチバッグと一緒に持つだけ。これだけで、おしゃれを楽しんでいる感じが演出できます。

ポイントは丁寧にたたんで入れるのではなく、ガサッと無造作にのせること。そうすると、わざとらしく見えません。ストール以外にも、ダンガリーシャツも小道具として使えます。ダンガリーシャツの代わりに、チェックシャツやGジャンもいいですね。

小さなテクニックですが、バッグの中にしまい込むのではなく、外に出すだけでおしゃれさが漂いますので、忘れないように使ってください。

他にも、使えるのが手袋。グローブホルダーを使って、バッグにキーチャームのようにかけるとアクセントになって素敵です。

カーキのブーツは便利

short boots : DIANA
long boots : WASHINGTON

jacket : GOUT COMMUN
knit : UNIQLO
skirt : GOUT COMMUN
bag : GOUT COMMUN
pierce : JUICY ROCK
bangle : JUICY ROCK
tights : tutuanna
boots : WASHINGTON

カーキは甘くない色だから、シャープな大人の雰囲気をつくる強い味方だと言いましたが、ぜひおすすめしたいアイテムがあります。それが、カーキのブーツです。カーキでさえあれば、ロングブーツでもショートブーツでもOKです。カーキのブーツは、ちょっとカジュアルな印象になります。カーゴパンツと同じような感覚で、きれい目とミックスして使いましょう。きちんと感が薄らいで、リラックス感が手に入ります。

これから買うなら、スエードのものがおすすめです。より他のアイテムになじみやすいからです。特にロングブーツは占める面積が大きくなるので使いやすく、失敗なくいきたい方にはいいでしょう。カーキは、色を問わず何でも合わせてOKですが、ダスティピンクやマスタードイエローなどは特に相性がいいので、ボトムを色ものにしてカラーミックスを楽しむのもいいですね。

先端は尖っていても丸いものでもかまいませんが、選べるなら、尖っている方がシャープに見えます。ちょっと細身のものが女性らしいでしょう。全般的にカーキのアイテムは、1年の中で特に8月末から9月の初旬に使うと、一足先に秋らしい雰囲気になっておしゃれに見えます。

冬のインナー、とても迷いますよね。Vネックニットの胸元からや、ちょっと腕をまくったときに意外と見えてしまいます。でも、ポリシーとして、絶対にインナーは外から見えないように！　ちょっと気をつければ見えなくなりますよ。

といっても、インナーを購入するときに気をつければいいだけです。**とにかく、背中と胸元の空きの広いものを買ってください。**お持ちのインナーを自分でカットしてしまうのもひとつの手です。

私のおすすめはtutuannaのインナー。胸元も背中も空きがとても深いので、夏の終わりに毎年必ず買いに行きます。前作でも言いましたが、色はグレーがベスト。白のトップスにも響かず、色をきれいに見せてくれます。万が一見えたとしても下着感がないので安心です。そして、もしちらっと見えてしまったインナーがくたびれていたとしたら、「この人疲れているのかな」などと思われ、台なしになってしまうので、状態のいいものを着るように心がけましょう。

私はブラジャーも装飾のないものにしています。ニットにブラのレースが響いてしまうなんて言語道断です！　ボルドーなどの色にすれば、上品なセクシーさもゲットできます。

首の詰まったインナーには、合わせるアイテムをクルーネックやタートルネックにしましょう。私は、トップスに合ったインナーがなければ、その日に着るトップスの方を変更しています。

Column

絶対に外から見えない インナーテクニック

gray & black innerwear: tutuanna
leggings : UNIQLO
bra : UNIQLO

大雪や雨の日にはレインブーツに黒スキニー

coat : WHITE (WHITE THE SUIT COMPANY)
knit : AMERICAN HOLIC
jacket : THE SHINZONE (own item)
pants : ZARA (own item)
bag : INES DE LA FRESSANGE (UNIQLO)
stole : PLST (own item)
umbrella : own item
boots : 銀座かねまつ

long boots : 銀座かねまつ
red pumps :
WASHINGTON
beige pumps : DIANA
khaki shoes : Foot
Happy (WASHINGTON)

冬の大雪や雨の日、滑るし寒いし、おしゃれのことなんて防寒の後になってしまいがち。でも、そんなとき、レインブーツさえ持っていれば大丈夫です。

ロング丈のブーツは、足まわりにキュッとフィットする乗馬ブーツタイプのものを選びましょう。可能なら、写真のようにちょこっとだけヒールがあると脚がきれいに見えます。

雪の日は、黒のスキニーデニムがおすすめです。ロングブーツと合わせると、海外セレブのようになりますし、細さが強調できます。

これから買うなら、ブランド名がロゴやマークで主張していないものの方が、レインブーツ感がなく使えます。国産の銀座かねまつやダイアナ、ワシントンのものはシルエットがきれいな上に、ロゴもありません。またパンプスタイプなども豊富です。

Autumn & Winter

色の少ない冬に赤かボルドーは生命線

coat : BEAUTY & YOUTH (own item)
sweat-shirt : UNIQLO
shirt : Gap
pants : Unaca (own item)
bag : ScrapBook (own item)
scarf : own item
lipstick : own item
nail polish : own item
glasses : Lattice
socks : tutuanna
sneakers : CONVERSE (own item)

red bamboo bag : WHITE (WHITE THE SUIT COMPANY)
bordeaux bag : POPCORN (Jines)
red mini bag : ScrapBook (own item)
red shoulder bag : TITE IN THE STORE
beret : GU
loafers : WASHINGTON
red shoes : GU
lipstick : own item
nail polish : own item
bordeaux scarf : own item
red marble scarf : GU
gloves : TOPKAPI

赤とボルドーは、秋冬の生命線です。「コーデの色が暗い」と思ったら、この色を入れると華やかになります。この色のアイテムは意識的に集めておくといいでしょう。

まず、赤を取り入れるポイントは、基本的に面積を小さく、小物で持つということ。バッグやシューズ、アクセサリーはもちろん、赤リップやネイルも使えます。ただ、それとは別に、きれい目のトップスだけは広い範囲で使ってもOKです。Vネックニットやとろみ素材の赤のトップスは、パーティやお呼ばれのときにぴったり。赤のパワーが、自分だけでなく周りも華やかな気持ちにしてくれますよ。他の赤のアイテムはちょっと難しいのでやめておきましょう。

ボルドーは、赤より深みがあるので、小物はもちろんカットソーやクルーネックニットなどの面積が広いもので取り入れても素敵です。

Autumn & Winter

冬のおしゃれコーデ ①
さりげなさがポイント！オフィスはファーを使う

coat : PLST (own item)
knit : destyle (THE SUIT COMPANY)
skirt : GOUT COMMUN
stole : AMERICAN HOLIC
bag : WHITE (WHITE THE SUIT COMPANY)
earrings : AMERICAN HOLIC
tights : tutuanna
pumps : FABIO RUSCONI (Jines)

クリスマスパーティや特別なディナー、ホームパーティなど冬はイベントがたくさん。そんな特別な日のコーディネートを、シチュエーション別にご紹介します。自分のために、そして一緒に過ごす人のためにとびきりのおしゃれをしてください！

まず、最初のシチュエーションはオフィス。休日のクリスマスというのは意外と少ないものですよね。ですが、せっかくだから、自分のためにいつもと違ったおしゃれをするのも気分が違います。

そんなとき、とても簡単なのがファー小物です。ファーのピアスやイヤリングは、アウターで隠れることもありませんし、特別感も出て気分が盛り上がります。顔まわりには、白以外のファーを使うと失敗しません。白は幼い感じが出てしまうのでやめておきましょう。また冬は、ファーつきのチャームをつけるだけでいつもの通勤バッグもまるで別物になります。シューズのヒール部分にファーをつけてもぐっと季節感が出ます。

また、いつものリップカラーを赤やボルドーにするというのも簡単なテクニック。この色のアイライナーやネイルも素敵ですね。どれもポイントは、いつものコーデに、季節感を出すアイテムを小さく取り入れることです。

冬のおしゃれコーデ②
デートはクロークに預けるときが勝負

coat : UNIQLO
blouse : N.
skirt : destyle (THE SUIT COMPANY)
gloves : TOPKAPI
fur tippet : destyle (THE SUIT COMPANY)
bag : CHANEL (own item)
tights : tutuanna
boots : DIANA

クリスマスや年の瀬のディナーなど、大切な人との特別な時間は「相手を驚かすエンターテイナーになれ！」これに尽きます。この日ばかりはカジュアルミックスはしません。女らしさ全開！　きれい目100パーセントで行きましょう。

こんなシーンは、どこかにときめくアイテムを入れましょう。バッグや靴にハイブランドのアイテムや、ビジュー使いが素敵なものなどを。気持ちが高まります。

コーディネートのおすすめは、とろみトップスとIラインスカートの組み合わせ。これにヒールの靴です。すべてをとことん女性らしいものにしましょう。もしニットにしたいなら、リブでピタッとしているものが女性らしいラインと高級感が出ます。肩や足など、露骨に肌を見せるよりも、ちょっと席を立ったときに背中が見えていたり、品よく鎖骨が見えるブラウスの方が、さりげなく相手を「ドキッ」とさせられます。ヘアをアップにするのも効果的。それだけで特別な印象です。ハイライトは、アウターを脱いだときです。ここで、相手に「こんなにおしゃれしてきてくれたんだ！」と思ってもらえるようなコーディネートでいきましょう。

こういうときには、チェスターコートが大活躍です。間違ってもダウンコートでは行かないように。また、ファーのストールも高級感が出るので素敵です。

冬のおしゃれコーデ③ 家族コーデの安心感はオフ白で出る

coat : LONDON TRADITION (own item)
knit : DRESSLAVE (own item)
pants : UNIQLO
stole : own item
bag : L.L.Bean
knit cap : GU (own item)
boots : UGG (own item)

家族と過ごす時間のおしゃれは、少しのほっこり感を大切にしましょう。サンタさんがやってきても、目のやり場に困らない格好を心がけるのが大切です。クリスマスツリーの前で幸せな家族写真が撮れるような、優しさあふれるコーデが理想です。

そんな優しいコーデをつくるのはオフ白。抜け感も出て、一石二鳥です。ここでおすすめしたいのが、オフ白のダッフルコート。ダッフルのよい点は、見るからに暖かそうなところ。子供も着ることができるデザインですから、やはり親しみやすい雰囲気になれます。オフ白のダッフルコートがなければ、オフ白のざっくりニットでも同じような効果が出ます。ダウンコートのような厚手で温かみのあるコートの下に、オフ白のニットを入れれば重たい印象もなく、ほっこり感だけ生かすことができます。

トップスは、モヘアなどの、柔らかく暖かい素材のニットもいいでしょう。ボトムは元気いっぱいのお子さんとすぐ動けるように、ボーイフレンドデニムを。そして足元は雪が降っても大丈夫なように、ムートンブーツで完璧です。ニット帽をかぶり、首元にはチェックストールをぐるぐる巻きにして防寒対策もしっかりとしましょう。優しくて安心の、家族コーデです。

冬のおしゃれコーデ④ ホームパーティはトレンドアイテムで

blouson : UNIQLO
knit : GU
dress : WHITE (WHITE THE SUIT COMPANY)
knit cap : TOPKAPI
bag : INES DE LA FRESSANGE (UNIQLO)
tights : tutuanna
boots : WASHINGTON

最後は女子同士のホームパーティ。ここで気をつけていただきたいのは1点だけ。それは「靴ありき」のコーデにしないことです。シンプルなコーディネートに小物で味つけするのがおしゃれのルールなので、もちろん靴も大きな役割を果たすときがあります。しかし、ホームパーティでは、靴は脱がなくてはいけませんから、靴がポイントのコーデはやめましょう。また、食器を洗ったり、食べ物を取り分けたりするので、手元のアクセサリーも控えめに。みんなで気持ちよく過ごせるようにしたいものです。

それさえ押さえれば、女子会は、ファッションのトレンドがわかってもらえる、楽しい場所です。さきほど言ったように、靴、指輪、ブレスレット以外の流行のもの、インパクトのあるアイテムを思う存分使ってください。ポイントは、季節感たっぷりのものを使うこと。ファーの小物を持ってみたり、花柄のワンピースを着たり、カジュアルすぎてちょっと難しいMA－1にトライしてみるのもいいですよ。

こういった場所へのトレンドアイテムを賢く揃えるなら、H&Mがおすすめ。ファーの他、イベントで使えるラメやスパンコールのついた洋服や、インパクトのある小物などが「この値段ならトライしてみようかな」と思う価格で揃います。

ムートンブーツは黒スキニーでセレブになる

vest : GU
knit : N.
pants : ZARA (own item)
beret : AMERICAN HOLIC
bag : Lilas Campbell
glasses : GU
boots : UGG (own item)

ムートンブーツ、寒さ対策にもバッチリで、見た目にも暖かいアイテムですよね。もしこれから買うなら、グレーがシャープに見えるのでおすすめです。

ムートンはそのボリュームが可愛らしい反面、脚が太く見えてしまう欠点がありま す。だから、ボトムとブーツの太さのギャップを必ず出しましょう。これを出すことができれば、脚は太く見えません。黒スキニーや他の細身のボトムを合わせたり、あるいはロングスカートにタイツもいいでしょう。特に黒のスキニーと履くと、スナップに登場するような海外セレブの雰囲気になります。

また、上半身にボリュームを出すコーディネートもおすすめです。ただし、あくまでも縦のラインを意識することが大切です。縦ラインにすることで、ほっこりしません。

写真はダウンベストと細身の黒スキニーで縦のラインを意識しています。さらにホワイトのベレー帽をかぶることで、視線を上にあげさせるようにしています。縦ラインが意識できるロングカーデなども合いますよ。

ブーツのデザインは、折り返しやボタンなどのついていないシンプルなものがいいでしょう。スタイリッシュに履きこなせます。

Autumn & Winter

女ウケのいいジレは、ジャケットだと思う

gilet : ZARA (own item)
t-shirt : Gap
pants : Rocco style.
bag : DIANA
earrings : JUICY ROCK
bangle : JUICY ROCK
glasses : LOZZa
shoes : GEMMA LINN (Daniella & GEMMA)

先ほど登場したベストと同様、ジレも実はかなり使えるアイテム。難易度が高すぎると思われている方もいらっしゃるのですが、ジレは着るだけでおしゃれに見えます。必要なのは思いきりだけ。この機会にぜひ挑戦してみてください。

ジレは、ジャケットだと思って使うといちばん使いやすいです。だから、おすすめなのはジャケットの袖なし版のような形のもの。色は黒やネイビーがいいでしょう。襟はあってもなくてもかまいません。膝くらいのロング丈のものがおしゃれです。ロングニットカーデの丈は長いほどおしゃれに見えると言いましたが、ジレも同じです。ジャケットの代わりと言いましたが、着た印象も同じで、きちんと感やシャープさが出ます。ジャケットの中に着るようなTシャツ、シャツ、ブラウスなどが合いますよ。あえてジレにすることで、力の抜きどころをわかっている、先輩ＯＬのような余裕感が出ます。

またジレさえあれば、ワンツーコーデになることがありません。パンツにもスカートにも合うので、簡単にいつものコーデに変化を加えることができるのです。

もしこの上にアウターを合わせるならチェスターコートにしましょう。きちんと感がジレにマッチしますし、アウターからジレが出てしまうということもありません。

Autumn & Winter

ノーカラージャケットは朝ドラ女優のような魅力が出る

jacket : PLST (own item)
sweat-shirt : UNIQLO
necklace : JUICY ROCK

jacket : PLST (own item)
t-shirt : Hanes
sunglasses : GU

ノーカラージャケットは、本当に偉大です。

襟がないので、いつものジャケットよりも気負っているように見えず、けれど形にきちんと感があります。親近感はあるけれど、しっかりしている、まるで朝ドラ女優のような魅力がつくれるアイテムです。オンの日だけでなく、休日にも使えます。

ノーカラージャケットは、クルーネックは禁止です。襟が丸いタイプは、ちょっとかしこまった雰囲気になってしまうので、必ずVネックのものを選びましょう。

おすすめの色はジレと同じく黒、もしく

jacket : PLST (own item)
shirt : 無印良品 (own item)
glasses : Lattice

jacket : PLST (own item)
blouse : N.
necklace : JUICY ROCK

jacket : PLST (own item)
knit : destyle (THE SUIT COMPANY
necklace : AMERICAN HOLIC

はネイビーです。どちらもボトムを特に選びませんし、カジュアルともきれい目とも、どちらともマッチします。

合わせ方はVネックカーディガンを合わせるようなところで、代わりに使ってみてください。中に入れる服は、本当に何も選びません。Tシャツ、プルオーバー、ニット、とろみブラウスなど、合わせることのできるアイテムの幅もとても広いです。

上からアウターを羽織れば、冬も使えます。オフィスだと、ちょっとした会食の日にもぴったりですし、休日にカーゴパンツと合わせてショッピングに行くのもリラックス感があって素敵です。

冬はネイティブ柄のバッグでリラックス感を

coat : Mystrada
sweat-shirt : GU
skirt : ZARA (own item)
bag : Lilas Campbell
sunglasses : GU
tights : tutuanna
sneakers : LAKOLE

jacket : SLOBE IENA (own item)
knit : FREDY (own item)
pants : Rocco style.
knit cap : GU (own item)
bag : Lilas Campbell
glasses : POLICE
shoes : GU

necklace : AMERICAN HOLIC
gold feather pierce : own item
bangle : own item
bracelet : own item
tassel pierce : own item
brown feather pierce : JUICY ROCK

柄が少ない冬に、本当に重宝するのが「ネイティブ柄」。リラックス感が取り入れられ、雰囲気も一変する、冬に使えるテクニックです。

さりげなく都会的に持つのが難しいと思われるかもしれませんが、方法はとても簡単、いつものコーディネートの最後に、ネイティブ柄のバッグを持つ。これだけです。色に関係なく、フレアスカートにもマッチしますし、革などのハードなアイテムにも、力の抜けたリラックス感がミックスできます。コーデに柄さえなければＯＫです。

柄はインドやアジアなどのエスニックにするのではなく、ネイティブアメリカンっぽいものにしましょう。素材はラグのようなしっかりしたものがいいでしょう。カラーは白がベースで、赤やオレンジや茶色が入っているものだととても使いやすいです。バッグを持ったら、次はアクセサリーで取り入れるのも素敵です。

Autumn & Winter

暖を取りたいときはシャツをニットの下に着る

cardigan : LANDS' END
shirt : 無印良品 (own item)
skirt : Jines
bag : Rocco style.
scarf : Rocco style.
watch : Three Four Time
necklace : JUICY ROCK
tights : tutuanna
pumps : PELLICO (own item)

重ね着はすればするほどおしゃれに見えると言いましたが、シャツをニットの下に入れるテクニックは、とても使えます。それに、何よりもこの1枚を重ねるだけで暖かい。冬にこのテクニックは覚えておきましょう。ざっくりニットやVネックはもちろん、タートルネックでもできますよ。86ページのように、首元からシャツがちらっと見えると素敵です。袖や裾から見せることも忘れずに。

中でもトライしやすいのはニットカーディガンに合わせること。特に、写真のようにクルーネックだとなお素敵です。その場合、ボタンをふたつか3つ開け、合わせてシャツのボタンもふたつ開けます。そして、カーディガンの開きに合わせて、シャツの襟もグッと広げましょう。こうすると、首元の肌見せになりスッキリ着こなすことができます。きちんと感のあるクルーネックをこうしてあえてVネック風に着崩すことで、あか抜けて見えます。

中に着るシャツは白シャツでもストライプでも、ダンガリーやチェックシャツでも何でもOKです。ただ、ネルシャツだけは厚く、モコモコして見えるので避けましょう。重ね着のポイントは、「薄いもの」です。右ページのコーデのように、赤のニットカーデに、青のストライプシャツを合わせると、トリコロールコーデが完成しますよ。

どんな服でもニット帽にメガネでバランスが取れる

ニット帽とメガネは、セットだと思っておきましょう。このふたつだけで、すでにおしゃれなコーディネートに見えます。

ニット帽をかぶるとコンパクトになりますが、ここにメガネで顔に締めカラーを入れると全体の印象がよりシャープになります。ニット帽は、できるだけコンパクトにシャープに見せるとおしゃれです。また、メガネだとメイクをしっかりする必要がありませんから楽チンです。それなのに、代々木公園あたりを散歩している女優の休日のような、こなれた印象が出ます。

ニット帽と合わせることに限らず、メガネは顔にシャープさを出し、ピリッとさせます。黒やべっこう、ブラウンなどの深い色味のもの、また、今流行りの金や銀のフレームもおしゃれです。メガネが、顔を引き締めてスッキリ見せてくれます。もちろん度が入っていてもOKです。

メガネを買うのは、アパレルショップがおすすめです。トレンドの形が反映されているので、かけるだけで今っぽくなれるものが揃っています。特にローリーズファームやジーナシスのような国産ブランドのものは、お手ごろでつくりがしっかりしています。

冬のパールは顔を明るくする

long necklace : JUICY ROCK
2 pearls ring : JUICY ROCK
twist ring : JUICY ROCK
4 pearls pierce : JUICY ROCK
one pearl pierce : own item
short necklace : JUICY ROCK
triangle pierce : own item

すでに何度か出てきましたが、冬のパールの威力について改めて知っていただきたいと思います。パールは白いので、抜けを出し、軽さが出る便利なアイテムだとはお話ししました。それを抜きにしても、パールは冬に輝くアイテムです。しっとり艶やかな素材感のおかげで暖かみがあり、顔を優しく、明るく見せます。

お呼ばれのときやパーティにつけていく方は多いと思うのですが、おすすめは逆です。パーティシーンはビジューや大ぶりのアクセサリーを使い、普段のカジュアルスタイルのときにつけましょう。ロゴスエットやオールインワン、ボーイフレンドデニムなどカジュアルなアイテムのときこそ、パールの出番です。

選ぶときは、シャープで甘さのないデザインのものにしましょう。エッジの効いた、無機質なもの、あるいはピアスなら1粒もおすすめです。この1粒はベレー帽にもマッチして、パリの小粋な雰囲気を出してくれますよ。198ページで書いたような一連パールのネックレスも使えますので、必ず1本持っておきましょう。フェイクでもかまいません。パールの周りにダイヤが散りばめられているようなプリンセスデザインやリボンなど、少しでも甘さのあるデザインは避けましょう。

Tストラップのパンプスは育ちがよく見える

Tストラップパンプスは、1足持っておいて損はありません。その名の通り、甲の部分にT字に入ったストラップが脚を長く美しく見せてくれます。ちょっと辛い印象のこのシューズは、黒のエナメルパンプスよりも、もう一段上品で知的な印象がつくれる「育ちの良さ」担当のシューズです。

ヒールは少しだけあると素敵です。正面から見たときにより甲が見え、このパンプスの持ち味が生かされるからです。先がとがったポインテッドトウにすると、美脚効果アップです。色は黒が万能。ツヤのあるエナメルがおすすめです。

Tストラップパンプスはソックスが何より合います。ボトムをミドル丈スカートにして、ソックスにTストラップパンプスを合わせれば、知的な印象に変身します。パンツのときはストラップが見えるように、裾をざっくりロールアップしましょう。この場合、厚手のタイツを合わせるのもいいでしょう。ボルドーなどもおすすめ。タイツ部分が差し色の効果を果たしてくれます。

ソックスは白ソックスか、ラインが入ったものとが相性抜群。スポーティなアイテムであるラインソックスと、品のあるTストラップパンプスの組み合わせは、足元だけでテイストがミックスされておしゃれです。

秋冬は、耳にとにかくインパクト

triangle earrings : GU
brown & gold pierce : KOE
red & blue gray & brown pierce : Blue Rank (Jines)
fringe pierce : Three Four Time
big hoop pierce : JUICY ROCK
black circle earrings : GU
silver chain earrings : JUICY ROCK
blue earrings : Lattice
small hoop pierce : JUICY ROCK

秋冬は、服に厚いものが多いので、ネックレスやブレスレットはなかなか目立ちません。そんな中、耳だけは別。冬は、耳こそが他と差がつき、自分も楽しむ遊びどころです。だから、冬のアクセサリーは、インパクトのあるピアスやイヤリング、と覚えておいてください。

サイズは、大きさ2・5センチ以上の大振りのものにしましょう。定番のゴールド、シルバーのピアスはもちろん、暖かみのある秋冬カラーがどこかに入っているものもおすすめ。ここでも、ボルドー、カーキ、マスタードイエローは間違いありません。決して派手にはならずシックで大人にまとまります。季節感が出て、おしゃれ度もかなり増します。グレーやブラウンが入っているものも素敵です。フェザーやファーももちろんＯＫです。

秋の定番カラーは洋服ともマッチし、違和感なくスタイリングできます。

Autumn & Winter

ピアスの色からコーデを決める

knit : N.
skirt : Jines
bag : Rocco style.
pierce : Blue Rank (Jines)
tights : tutuanna
pumps : N.

大振りなインパクトピアスやイヤリングは、コーデの主役にしてもいいでしょう。そんな、「耳が主役のコーデ」のつくり方をマスターしましょう。

それは、ピアス・イヤリングの色から拾ってコーディネートを組み立てていくことです。

たとえば、右ページでは、赤とブルーグレー、ブラウンの色のピアスを使っています。この使われている色でコーデを組みましょう。

トップスのブルーのニットは、ピアスのブルーグレーとリンクしています。足元が赤のヒール、バッグがブラウン、バッグのベルトにも、赤とブルーが入っています。今回は、ピアスに使われている色をすべて使いましたが、このうちのひとつさえ入っていればOKです。さらに今回は接着剤的な役割として、プレーンでどんなカラーともマッチするホワイトのスカートと、引き締め役として、黒のタイツを合わせました。

色を拾うと、いつものアイテムだけで、全体にまとまりが生まれ、ぐんとおしゃれに見えます。ピアスやイヤリングを選ぶときには、色がたくさん入っているものにすると、コーデの幅が広がって楽しいですよ。

Column

秋口はショートアウターの袖を通さない

ライダースジャケットやMA－1など、ショート丈のアウターを着ているときに、チャンスを逃さず、必ずやってほしいテクニックがあります。**それは、お店や室内に入ったらショート丈アウターの袖を肩にかけること。**それだけで、「女優」になります。

秋口は、ショートアウターをたくさん使うので、チャンスがたくさんあって楽しいです。

お茶を飲むとき、ごはんを食べるとき、さりげなく肩にかけておきましょう。**ただこれだけで、そこが特別なおしゃれな空間になります。**

異性の前でも、とても効果的です。ジャケットからのぞく腕が程よい肌見せになって、女性らしい印象を与えることができます。カーディガンも同じ使い方ができます。ちょっとしたことなのですが、すごくおしゃれに、女っぽく見える小技ですので、ぜひチャンスを逃さずやってみてください。

差し色のサンドイッチは絶対にしない

coat : BEAUTY & YOUTH
(own item)
knit : COMME CA ISM
shirt : Gap
skirt : Jines
glasses : Lattice
beret : H&M
bag : GOUT COMMUN
tights : tutuanna
shoes : GU

10年ほど前から、よくおしゃれの定番として「靴とバッグは全く同じ色にするとおしゃれ」ということが言われていました。「おしゃれのサンドイッチの法則」です。しかし、今はそれをやってしまうと逆にダサくなってしまいます。これをしていいのは目立たないベーシックカラーだけ。黒、白、グレーやネイビー、茶色はOKです。

ただ、これ以外の色、特に赤やイエローなど派手な色は、絶対に靴とバッグのサンドイッチをしてはいけません。これをすると「あの人、計算して頑張ってるんだな」と思われてしまいます。おしゃれの極意はいかに頑張っている感じを見せないかなのですが、「わざとやってます」という見え方はおしゃれの敵です。バッグと靴と、それからベルトを全く同じ差し色で揃えるのもやめましょう。

写真だと、鮮やかなグリーンをバッグで1カ所のみ取り入れています。もし靴を派手な色にしたいなら、靴だけにしましょう。

カラーの使い方は、おしゃれを左右する大切なポイント。バッグと靴の色は絶対に揃えないことを意識しましょう。

Autumn & Winter

黒のエナメルパンプスはカジュアルなものと合わせる

coat : BEAUTY & YOUTH (own item)
knit : FREDY (own item)
pants : UNIQLO
bag : GOUT COMMUN
pierce : JUICY ROCK
belt : GU (own item)
scarf ring : JUICY ROCK
scarf : Rocco style.
pumps : 銀座かねまつ

jacket : Rocco style.
knit : H&M (own item)
skirt : GOUT COMMUN
bag : ZARA (own item)
tights : tutuanna
pumps : 銀座かねまつ

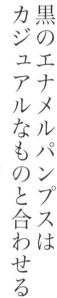

pumps：銀座かねまつ

女っぽい黒のエナメルパンプスは、とにかく使えるシューズです。季節を問わず使えるので、ワードローブの定番として、靴箱に入れておくのをおすすめします。ツヤのあるアイテムなので、くすみや汚れのないものにしましょう。

ヒールは細めで、高さが少しあり、ポインテッドトウで、甲がしっかり見えるものがベストです。おすすめは、ダイアナやオデット・エ・オディール、ルタロン、銀座かねまつなどの日本のブランド。このあたりは適度な価格で履きやすく、私もお客様をショッピング同行でよくお連れしています。

女らしいアイテムなので、このパンプスはミリタリージャケットやボーイフレンドデニムとの相性が抜群。カジュアルや男っぽいアイテムと合わせましょう。

手袋は革のもの

coat : WHITE (WHITE THE SUIT COMPANY)
knit : GU
skirt : GOUT COMMUN
necklace : JUICY ROCK
gloves : TOPKAPI
bag : DIANA
tights : tutuanna
pumps : PLST (own item)

right : TOPKAPI
center : Gloves
(UNIVERSAL
LANGUAGE)
left : TOPKAPI

手袋は、アウターで隠れることのない、冬のコーディネートに重要なアイテム。暗くなりがちなコーデのポイントになったり、細さを出したり、使えるものを持っておきましょう。持つべきは、「革」。革であるだけで何に合わせても失敗しません。

まず買うのは、茶色や黒のベーシックな色のもの。素材はレザーがいいですが、部分的にニットを使っていてもOKです。スムースレザーだとピリッと大人の感じ、スエードだと少し柔らかな印象になります。好きなものを選んでください。

ふたつ目には、ボルドーやピンクなど、遊び心のあるものを持つとまた冬の楽しみが増えます。手袋は、いくつかあるとおしゃれに見えます。手袋まで気を使っている女性って、チャーミングですよね。

金ボタンがついていると便利

pants : Unaca (own item)
navy knit : H&M (own item)
pink knit : PETIT BATEAU (own item)
gloves : TOPKAPI
jacket : GOUT COMMUN

ここまで、ゴールドの金具の大切さについても触れてきました。パーカーのジッパーやバッグなど、とにかく金の金具は、おしゃれの味方です。この小さなパーツが、上品なアクセントとして大きな存在感を出します。そして、そのよさがぎゅっと集まっているのが、金ボタンです。

ジャケット、ワイドパンツ、ニットやカットソー、手袋にいたるまで、金ボタンがついているアイテムは、それだけで格式高く正統派に見えます。ボタンはエンブレムのような模様がついているものでもいいですし、フラットでシンプルなものでもかまいません。色は、すごくピカピカしたものよりは、渋めの色味のものやツヤのないものの方が、他のアイテムとの馴染みがいいでしょう。

金ボタンつきのアイテムというだけで、簡単に冬のマリンスタイルや、フレンチシックなコーディネートになります。たとえば右ページのワイドパンツにバレエシューズを合わせれば、まるでパリジェンヌのあか抜け感が手に入ります。パリのエッセンスを感じさせるコーデはおしゃれで育ちがよさそうに見え、女性ウケがいいので、女友達と会うときなどにぜひ着て行ってください。また紺のジャケットに金ボタンがついていると、知的でハンサムな雰囲気になりますよ。

Autumn & Winter

季節感を出す飛び道具、ファー小物を集めよう

white tote bag : INES DE LA FRESSANGE (UNIQLO)
khaki bag : allureville (own item)
red bag : N.
fur tippet : destyle (THE SUIT COMPANY)
one-shoulder bag : TOPKAPI
leopard pumps : Daniella Tam (Daniella & GEMMA)
black pumps : FABIO RUSCONI (Jines)

季節感を出すのがおしゃれに見える鉄則ですが、ファー小物は、その季節感を出す飛び道具。ただ、可愛すぎて見えたり、大げさになってしまうことがあるので、選び方だけ知っておきましょう。

まず、避けたいのは「白いファーを顔まわりに置くこと」です。首に巻いたり、ピアス・イヤリングは避けましょう。顔まわりの白いファーは、どうしても可愛くなり過ぎてしまいます。首に巻くなら、ブラウンやベージュがミックスされたファーがおすすめ。大人向けに、シックに決まります。

デザインも、甘い要素は少しも入らないものを選んでください。シャープなものや

blue fur bangle : AMERICAN HOLIC
beige fur bangle : BEAMS (own item)
pink earrings : AMERICAN HOLIC
beige earrings : AMERICAN HOLIC
gray pierce : Lattice
bag charm : TOPKAPI

ゴールドの金具のものがおすすめです。グレーや深みのある青やボルドー、毛足が長いものを見つけたらラッキーです。

シューズの一部にファーが使われているもの、バングルやピアスなど、ファーが小さい面積で使われているものはコーデを選びません。すでに出てきましたが、ファーのポンポンチャームをつければ、いつものバッグが秋冬仕様に変わります。

ファー小物はコーデにひとつだけが失敗が少ないルールです。存在感があるので、2点以上は過剰に見えるからです。リアルファーは高級感がありますが、フェイクも進化しているので、気にせず楽しみましょう。

私はニットは家で洗っています。ニットを頻繁に着るので、クリーニングに出すよりも家で洗った方が早いからです。今は洗濯機や洗剤の進化のおかげで、自宅でも繊細な素材のものを洗うことができるようになりました。

私の場合ニットはおしゃれ着洗い用の洗剤を使って、手洗いをしています。

まず洗面所のシンクやタライにぬるま湯を入れ、洗剤をいれます。それからニットを入れ、ギュッギュッと押し洗い。その後すすぎをして、脱水は洗濯機で軽く行います。

ニットは干し方が大切で、ここで形が崩れてしまったり伸び縮みしてしまうので、私は写真のような専用のネットを使って平置きして干しています。この専用ネットは、通販などでも安く手に入りますし、もし平置きで横に並べて干すとすごくスペースを取ってしまうので重宝しています。

ただし、やはり専門のクリーニングにはかなわない部分があるのは確か。日常用のものなら自宅で洗濯するので十分ですが、高価なものや特別な素材でできたものは、自宅で洗うよりもクリーニング店にお願いする方が失敗がありません。

Column

ニットは家で洗って干す

net : own item

01 胸から始めて、肩もかける

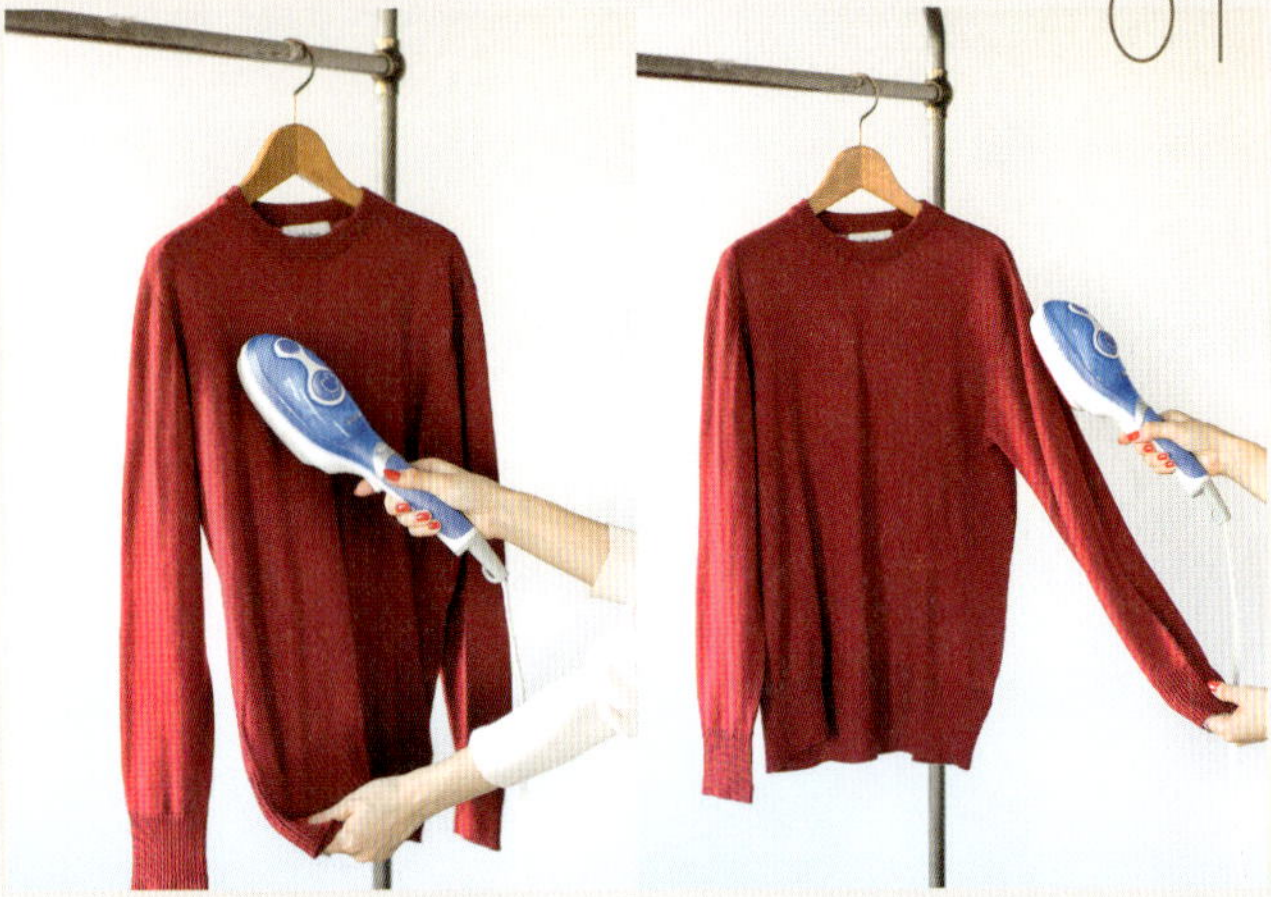

02 水蒸気はたっぷり出す

03 台の上ならアイロン代わりに

Column

ニットにもスチーマーをかける

ニットで気をつけてほしいのが、シワです。意外に目立つからです。しかし、たたむとたたみジワもついてしまいがちなのがニット。そんなときこそスチーマーの出番です。ここでは、スチーマーのかけ方をご説明しましょう。

まずコツは水蒸気をたっぷり出すこと。これで短時間でシワが消えやすくなります。

順番としては、胸元の大きな面積のところからかけます。こうすると仕上がりが早いからです。それからボトムにインしたときにクシャっとなる裾の部分。これは表も裏も両面かけましょう。さらに着たときに曲がる肘の部分も忘れずに。このような細かいところまで手入れが行き届いていると、状態のいいものを着ているように見えます。

スチーマーは台の上で使うと、アイロン代わりにもなります。

スチーマーは本当に便利です。私は着る前の短い時間でよくかけています。また、冬は朝の着替えの前にスチーマーをかけておくと、着るときに温かくてちょっと幸せな気分になれますよ。

Item Index

TOPS

Vネックニット（ネイビー）
：la SPLENDINA
（UNIVERSAL LANGUAGE）
P63, 118, 158

Vネックニット（グレー）
：COMME CA ISM
P63, 74, 132, 192, 244

Vネックニット（ホワイト）
：UNIQLO
P38, 42, 48, 110, 118, 206

ざっくりニット（ブラウン）
：DRESSLAVE
P52, 130, 160, 172, 218

ざっくりニット（グレー）
：ZARA
P66, 98, 102

ざっくりニット（ホワイト）
：Uniqlo U（UNIQLO）
P34, 124, 186, 194

ダンガリーシャツ：Gap
P42, 70, 110, 156, 186

プルオーバー（ブラック）
：GU
P38, 78, 228

プルオーバー（グレー）
：GU
P78, 115

タートルネック：GU
P34, 56, 86, 98, 115,
178, 190, 220, 248

カラーニット（ブルー）：N.
P110, 137, 194, 222, 240

カラーニット（イエロー）
：destyle
（THE SUIT COMPANY）
P34,106,184,194,214,227

カラーニット（ピンク）
：FREDY
P162, 168, 188, 202,
228, 246

カラーカーディガン（レッド）
：LANDS' END
P82, 132, 156, 196, 230

カーディガン（グレー）：N.
P30, 94, 106

金ボタンニット:H &M
P94, 102, 118, 246

ボーダーニット
:AMERICAN HORIC
P42, 102, 134, 164, 166, 178, 210

ロングTシャツ:Gap
P98, 132, 160, 202, 224

Tシャツ(ホワイト):Hanes
P52,74,114,120,134, 226

Tシャツ(ボルドー)
:Gap
P124, 158, 198

チェックシャツ
:AMERICAN HORIC
P78, 82, 164, 190, 194

とろみブラウス:N.
P30, 196, 216, 227

スエット(ブラウン)
:DISPARK
P106, 170

スエット(グレー):UNIQLO
P38, 60, 212, 226

ストライプシャツ:無印良品
P30, 86, 94, 137, 170, 192, 227, 230

白シャツ:Gap
P38, 66, 106, 212, 244

BOTTOMS

ミドル丈スカート(ブラウン)
:GOUT COMMUN
P74, 82, 162, 172, 206, 248

ミドル丈スカート(ドット)
:INES DE LA FRESSANGE (UNIQLO)
P34, 56, 134, 160, 188

ミドル丈スカート(イエロー)
:own item
P42, 102

ミドル丈スカート(フラワー)
:WHITE (WHITE THE SUIT COMPANY)
P38, 78, 86,130,160, 166, 168, 184

黒スキニージーンズ
:ZARA
P98, 124, 210, 222

ベイカーパンツ:Rocco style.
P86, 110, 196, 224, 228

ワイドパンツ(グレー)
:BEAUTY & YOUTH
P66, 94, 120, 168

ワイドパンツ(ベージュ)
:LEPSIM
P137, 160, 178, 194

ワイドパンツ（ブラック）
:GOUT COMMUN
P30, 42, 86, 134, 170, 192

Iラインスカート（ネイビー）
:BUONA GIORNATA
P30, 106, 124, 228

Iラインスカート（レザー）
:ZARA
P38, 132, 158, 202

Iラインスカート（レース）
:Jines
P52, 78, 118, 230, 240, 244

Iラインスカート（レッド）
:destyle
（THE SUIT COMPANY）
P34, 60, 164, 216

Iラインスカート（ツイード）
:GOUT COMMUN
P48, 70, 74, 194, 214, 246

金ボタンボトム:Unaca
P30, 156, 212

花柄ワンピース:WHITE
（WHITE THE SUIT COMPANY）
P66, 114, 115, 118, 126, 220

ミニスカート（レザー）
:GU
P63

ミニスカート（レッド）
:own item
P63

ボーイフレンドデニム
:UNIQLO
P38, 52, 70, 74, 78, 114, 132, 166, 178, 190, 194, 202, 218, 246

ホワイトデニム:GU
P34, 118, 158, 186, 198

COAT & OUTER

チェスターコート
（ブラウン）:PLST
P30, 124, 162

チェスターコート
（グレー）:UNIQLO
P30, 168, 194, 216

ミドルダウンコート
:PLST
P34, 192, 214

ショートダウンコート
:ZARA
P186, 194, 196

カラーコート（ブルー）
:own item
P38, 160, 188

カラーコート（イエロー）
:Mystrada
P94, 160, 228

カラーコート（ピンク）
:WHITE（WHITE THE SUIT COMPANY）P115, 210, 248

トレンチコート:BEAUTY & YOUTH
P42, 132, 134, 212, 244, 246

ミリタリージャケット
: Rocco style.
P52, 102, 124, 132, 246

ダッフルコート：LONDON TRADITION
P184, 190, 218

ライダースジャケット
: SLOBE IENA
P60, 78, 94, 115, 194, 228

MA－1 :UNIQLO
P56, 162, 220

ロングカーディガン
（グレー）:Mystrada
P48, 120, 158

ダウンベスト（ブラウン）
:GU
P160, 202

ダウンベスト（グレー）
:GU
P86, 222

ノーカラージャケット
:PLST
P226

ジレ :ZARA
P224

ファーベスト
:GRACE CONTINENTAL
P194, 202,

Gジャン:THE SHINZONE
P34, 102, 126, 134, 158, 168, 172, 178, 198, 210

パーカー（グレー）:GU
P30, 52, 70

金ボタンジャケット:GOUT COMMUN
P70, 78, 106, 110, 134, 178, 206

金ボタンコート:GOUT COMMUN
P98

Shop List

earth music&ecology 東京ソラマチ／03-5637-8343
アダストリアカスタマーサービス (LAKOLE) (LEPSIM) (apart by lowrys) ／0120-601-162
AMERICAN HOLIC プレスルーム／0120-806-008
株式会社ウィゴー (DISPARK) ／03-5784-5505
Essay ラゾーナ川崎店 (FABIO RUSCONI) ／044-874-8211
N. ルミネエスト新宿店／03-5379-7748
L.L.Bean カスタマーサービスセンター／0120-81-2200
カルネ (Daniella & GEMMA)(Binoche) ／03-5413-3433
Gap フラッグシップ原宿／03-5786-9200
株式会社ギャレット (LilasCampbell) ／03-3794-7770
銀座かねまつ6丁目本店／03-3573-0077
銀座ワシントン銀座本店 (Foot Happy WASHINGTON)(WASHINGTON) ／03-5442-6162
グランカスケードインク (GOUT COMMUN) ／03-5457-7551
CRICKET INC. (TOPKAPI) ／0120-800-532
KOE 自由が丘店／03-5726-9117
ザ・スーツカンパニー 銀座本店 (destyle) ／03-3562-7637
GU／0120-856-452
ジオン商事 (Three Four Time) (TITE IN THE STORE) ／03-5792-8003
Jines ディアモール大阪店 (FABIO RUSCONI) (Blue Rank) (POPCORN) ／06-6348-4662
JUICY ROCK ／URL: http://www.juicyrock.co.jp
ダイアナ 銀座本店／03-3573-4005
ダブルエー (ORiental TRaffic) ／0120-575-393
チュチュアンナ／0120-576-755
デリーゴジャパン株式会社 (POLICE) (LOZZa) ／03-6661-9266
Due Passi per wash ルミネ横浜店 (Orobianco) ／045-451-0821
日本ランズエンド株式会社 (LANDS' END) ／0120-554-774
㈱ファイブフォックス カスタマーサービス (BUONA GIORNATA) (COMME CA ISM)
／0120-114563
ヘインズブランズ ジャパン (Hanes) ／03-5361-2823
ホワイト ザ・スーツカンパニー 新宿店 (WHITE) ／03-3354-2258
マイストラーダ プレスルーム／03-6894-8612
無印良品 池袋西武／03-3989-1171
UNIQLO／0120-170-296
ユニバーサルランゲージ ラゾーナ川崎店 (Gloves) (SPLENDINA) (MAXIMA) ／044-541-7030
ラティス／URL: http://www.lattice-web.jp
リンク・セオリー・ジャパン (PLST) ／03-6865-0206
Rocco style. ／URL: https://roccostyle.official.ec/

Staff Credit

写真
中村彰男／人物写真
坂田幸一／静物写真

アートディレクション
加藤京子（sidekick）

デザイン
我妻美幸（sidekick）

制作協力
阿部洋子

編集
中野亜海（ダイヤモンド社）

［著者］

山本あきこ（やまもと・あきこ）

スタイリスト

1978年生まれ。女性誌や広告などで多くのスタイリングを手がけながら、「女性にとって大切な外見力をあげるため、一般の人でもプロのスタイリストに気軽に相談できる場をつくりたい」と、2013年より毎月個人向けのパーソナルスタイリングや、スタイリングを教える講座などを行う。それ以来、予約開始と同時に申し込みが殺到する「予約の取れない」スタイリストに。

ママ雑誌やぽっちゃりさん向けの雑誌、OL向けの雑誌など、あらゆる年齢や体型などにスポットをあてた媒体で、モデルだけではない様々な人たちに似合うスタイリングをする。多くの経験に基づくルールを持ち、瞬く間にその人本来の魅力を引き出すファッションを得意とする。モットーは、「センスは生まれ持ったものではなく鍛えられる」。今までスタイリングした人数は1500名超、コーディネート数は20万を超える。

スタイリングを受けると「朝、服に悩む時間が減った」「やせた？　と言われた」「結婚がきまった」「仕事で昇格した」という女性が続出。『いつもの服をそのまま着ているだけなのに、なぜだかおしゃれに見える』『毎朝、服に迷わない』（いずれもダイヤモンド社）はベストセラーとなる。

オフィシャルHP　https://www.rocco-style.com/

毎朝、服に迷わない　秋／冬

暖かいのにおしゃれになれる

2017年９月13日　第１刷発行
2017年10月16日　第３刷発行

著　者――― 山本あきこ
発行所――― ダイヤモンド社
〒150-8409　東京都渋谷区神宮前6-12-17
http://www.diamond.co.jp/
電話／03･5778･7234（編集）　03･5778･7240（販売）

アートディレクション ―加藤京子（sidekick）
デザイン――――我妻美幸（sidekick）
校正――――――加藤義廣（小柳商店）
DTP ――――― キャップス
製作進行―――― ダイヤモンド・グラフィック社
印刷――――――加藤文明社
製本――――――ブックアート
編集協力――――阿部洋子
編集担当――――中野亜海

ISBN 978-4-478-10325-8